AF537148

edition theophanie

Manfred Ehmer

Gaia

Portrait einer Göttin

Gaia - Portrait einer Göttin

1. Auflage 2017
2. Auflage 2020
Umschlagbild: *Sadness of Gaia*

Verlag und Druck: tredition GmbH,
Halenreie 40-44, 22359 Hamburg
Teil 1 der Reihe **edition theophanie**

ISBN: 978-3-7497-1039-3 (Paperback)
ISBN: 978-3-7497-1040-9 (Hardcover)
ISBN: 978-3-7497-1041-6 (e-Book)

Bibliografische Information der Deutschen Nationalbibliothek: Die Deutsche Nationalbibliothek verzeichnet diese Publikation in der Deutschen Nationalbibliografie; detaillierte bibliografische Daten sind im Internet über http:// dnb.d-nb.de abrufbar.

Besuchen Sie den Autor auf seiner Homepage:
www.manfred-ehmer.net

Inhaltsverzeichnis

Gaea (1875) von Anselm Feuerbach

Auf den Spuren der Erdgöttin

Oh Mutter Erde, lass mich wohlgegründet setzen,
In Deiner Huld an Deinem Platze siedeln;
Im Einverständnis mit dem hohen Himmel
Gewähre mir, Du Weise, Glück und Wohlfahrt!

Die oben zitierten Verse stammen aus dem *Atharvaveda,* einem rund 4000 Jahre alten indischen Text, der neben vielen Zaubersprüchen, Opferformeln und Götterhymnen auch einen Hymnus an die Göttin Erde enthält. Der Atharvaveda gehört heute noch zu den geheiligten Schriften des Hinduismus, aber dass sich ein Hymnus an die Erdgöttin darin befindet, ist gewiss eine überraschende Entdeckung. Es gibt im *Rigveda* wohl einige Hymnen an *Indra, Agni, Surya* und *Varuna,* aber galt die Erde denn im Alten Indien ebenfalls als Gottheit, die man mit Hymnen, Opfergaben und Dankgebeten feierte?

Die Erde als Gottheit - unter welchem Namen verehrte man sie wohl in Altindien? War sie nicht eine Namenlose, Unbekannte? Und welche Stellung nahm sie in der Hierarchie der Götter ein? Ist sie nicht durch machtvolle männliche Göttergestalten wie vor allem *Brahma, Vishnu* und *Shiva* längst verdrängt worden? Dieser Frage galt es nachzugehen, und sie stand am Beginn einer langen Forschungsarbeit, die das Ziel verfolgte, die Spuren der unbekannten Erdgöttin in der menschlichen Kulturgeschichte sichtbar zu machen.

Aber wo soll man dabei denn überhaupt beginnen? Die ältesten Kunstwerke der Menschheit sind bekanntlich jene kleinen, aus Elfenbein geschnitzten Bildnisse der Magna Mater, die wie die berühmte Venus von Willendorf ein Alter von rund 20.000 Jahren aufweisen. Aber wen sollen diese altsteinzeitlichen Figurinen darstellen? Die Urmutter allen Lebens, die Fruchtbarkeitsgöttin oder die Macht des Weiblichen überhaupt? Aber sind sie auch schon Erdgöttinnen im engeren Sinne? Viel eher könnte es sein, dass die Erdgöttin in ihrer

Gestalt als Magna Mater, als Große Muttergottheit, in Europa und Vorderasien bis in die Jungsteinzeit zurückgeht, die Zeit der ersten sesshaften Ackerbaukulturen. Die Polarität von „Mutter Erde“ und „Vater Himmel“ und ihre Heilige Hochzeit schien im Mittelpunkt der europäischen Jungsteinzeit zu stehen, und dieses Denkbild verwendet noch um 700 v. Chr. der griechische Mythendichter Hesiod, wenn er aus der geheiligten Ehe zwischen der Erdgöttin Gaia und dem Himmelsgott Uranos die Titanen, Kyklopen und Erynnien wie auch die olympischen Götter hervorgehen lässt.

Gab es in Griechenland einen Gaia-Kult? Alle Zeichen weisen darauf hin. Im Kult wurde Gaia besonders in Attika verehrt; in der bildenden Kunst findet man sie meist mit Füllhorn und Früchten dargestellt. Bekannt ist die Darstellung der Gaia auf dem Gigantenfries des Pergamonaltars. „Zuerst vor allen Göttern ehr ich im Gebet die Erde als die früheste Seherin“ – so beginnt Aischylos, der Schöpfer der griechischen Tragödie, sein Drama *Die Eumeniden*. Auch das Kultheiligtum von Delphi war ursprünglich der Erdgöttin Gaia geweiht – erst viel später wurde es dem Sonnengott Apollon zugesprochen.

Es hat sich übrigens gezeigt, dass im vorgeschichtlichen Europa die Göttin Erde mit ganz ähnlichen Hymnen angerufen wurde wie in Altindien. So gibt es einen Homerischen Hymnus *An die Allmutter Erde* und ein ganz ähnliches Weihelied aus dem Umkreis der Orphik, in dem die Erde als „Mutter der seligen Geister und der sterblichen Menschen“ bezeichnet wird. Die Erdgöttin trug in der Tat keine bestimmten Bezeichnungen, sondern einfach den Namen *Mutter Erde* – ein Ausdruck, der auch im Volksbrauchtum, in Flursegen und Fruchtbarkeitsriten immer wieder auftaucht.

Die alten Italiker kannten ursprünglich eine die Erde verkörpernde Göttin mit dem Namen *Tellus Mater*, die in der Frühzeit große Bedeutung genoss, später aber völlig in den Hintergrund gedrängt wurde. Der Dichter Ovid kennt noch diese Göttin: „nährende Tellus“ nennt er sie in seinen *Metamorphosen*, aber ihre Spuren verlieren sich im Dunkeln, da sie von den römischen Haupt- und Staatsgöttern wie Jupiter,

Juno, Mars und Apollo schon früh abgedrängt wurde. Überall dieselbe Geschichte der Verdrängung, überall dieselbe Entmachtung, Verbannung der Erdgöttin - in Indien wie im antiken Europa.

Die Beschäftigung mit den Kulten und Mythen um die göttliche Mutter Erde kann uns dazu verhelfen, uns mit der Erde als einem lebendigen Organismus neu zu verbinden. Der Klimawandel, die dramatische Erderwärmung, das Waldsterben, die Bedrohung unserer Biosphäre - das sind heute die grundlegenden Probleme, denen sich eine ins 21. Jahrhundert aufbrechende Menschheit konfrontiert sieht. Liegt die tiefere geistige Ursache dieser ganzen Misere vielleicht darin, dass der Mensch die Göttlichkeit der Erde vergessen, dass er die Erdgöttin gleichsam in die Verbannung geschickt hat - und die Erde nur noch als ein vom Menschen auszubeutendes Reservoir von Rohstoffen und Bodenschätzen ansieht?

Die Göttlichkeit der Erde gilt es also wiederzuentdecken, und Bestrebungen dazu sind schon im Gange. Dazu zählt vor allem die weltweite Klimaschutz-Bewegung *Fridays for Future*, die als ein Symbol für das Wiedererwachen Gaias gelten mag. Und vielleicht kann auch das vorliegende Buch zu einem Umdenken in diese Richtung beitragen, da es sich ja als ein Portrait der Göttin Gaia versteht. Es beschreibt die verschiedenen Erscheinungsformen Gaias und zeigt auf, dass dem Mythos von der göttlichen Mutter Erde eine höhere esoterische Wahrheit zugrunde liegt.

Gaia in den Kulten und Mysterien Europas

Die Erde – ein lebendiges Wesen

Um das Zentralgestirn unseres Sonnensystems ziehen, wetteifernd im Sphärengesang, seit urher die Planeten ihre Bahn, die mit ihrem sichtbaren Himmelslauf zugleich auch eine höhere kosmische Bestimmung erfüllen. Jeder Planet, vom sonnennahen flinken Merkur bis zum entrückten finster-kalten Pluto, ist ein Teil der kosmischen Gesamtordnung, jeder hat seinen besonderen Platz im All; und in der Erfüllung der je eigenen Aufgabe wirken sie alle zusammen nach ewigen Harmoniegesetzen. Im Reigen der Planetengeister schwingt seit Urzeiten auch die Erde mit: ein lebendiges Wesen, von den Völkern der Frühzeit verehrt als Göttin, Allmutter und Lebensträgerin.

Bekannt sind die Namen, unter denen „Mutter Erde“ angebetet wurde: in der altgriechischen Kultur als *Ge, Gäa* oder *Gaia*, zuweilen auch als *Demeter*; in Rom als *Terra Mater* und im kleinasiatischen Raum als *Kybele*. Die Verehrung der Großen Muttergottheit, von der jungsteinzeitlichen Magna Mater bis hin zur ägyptischen Allgöttin Isis, war auch nichts anderes als ein Kultus der Göttin Erde.

Die Erde! Betrachten wir nur einmal ihre äußere Gestalt, so sehen wir schon, dass sie - wie der Mensch selbst! - ein großer lebendiger Organismus ist, gewirkt nach demselben Urbild, das allem Lebendigen zugrunde liegt. Zwischen Mensch und Erde, *homo sapiens* und *Gaia*, besteht tatsächlich eine weitgehende Gestaltähnlichkeit: Wie der Mensch zu 70 Prozent aus

Körperflüssigkeit besteht, so bilden - äußerlich gesehen - die Ozeane den Großteil der im Planetenreigen durch das All kreisenden Erdgestalt. Die Flüsse und Bäche sind die Adern der Erde, das Felsgestein ihr Knochenmark, der weiche Humus ihr Fleisch; die Wälder sind ihre Atmungsorgane und Lungen. Ja, auch ein Nervensystem hat die Erde: ein Netz von Meridianen, durchflossen von unendlich subtiler feinstofflicher Energie, durchzieht ihren Planetenkörper. Auch der Mensch besitzt solche Körpermeridiane. Die Atmosphäre schließlich umgibt die Erde wie ein schützender Mantel: eine Schutzhülle, die sie sowohl vor übermäßiger Sonneneinstrahlung bewahrt als auch vor der Kälte des Weltraums.

Die Erde ist - wie der Mensch, ja streng genommen wie jedes lebende Wesen im Weltenraum - ein zweipoliges Wesen; sie besitzt einen Nord- und einen Südpol. Der Nordpol ist im Organismus der Erde der Öffnungspunkt gegenüber den höheren übersinnlich-geistigen Welten, der Südpol dagegen ist der Sammlungs- und Konzentrationspunkt der Vitalkräfte. Dazwischen spannt sich die Längsachse auf. Beim Menschen entspricht der Nordpol der Kopf-Scheitel-Region; der Südpol des Menschen liegt in seinem Beckenraum. Weitere Unterpole sind auf der Längsachse zwischen Süd und Nord aufgereiht. Im Nordpolbereich also befindet sich der Bewusstseinssitz der Erde!

Mellie Uyldert schreibt in ihrem Buch *Mutter Erde*: „Die Taille von Mutter Erde liegt am Äquator, auch wenn sie dort ihren größten Umfang hat. Die große Hitze in diesen Breiten entspricht den menschlichen Eingeweiden, in denen Wärmeprozesse der Verdauung ablaufen. Ihre Leber, wo viel verarbeitet wird, liegt unterhalb von Afrika. Gleich in der Nähe befinden sich ihr Nabel und das Sonnengeflecht, in dem viele ein- und ausgehende Verbindungen zusammenlaufen, ganz ähnlich der Nabelschnur, mit der sie einst mit ihrer Mutter Sonne verbunden war (....). So hat die Erde auch einen Oberkörper und einen Unterleib. Ihr Herz schlägt in Mitteleuropa, wo der Sonnenkult die stärksten und ältesten Wurzeln hat. Die Thymusdrüse befindet sich in Kleinasien, dem Ort des

Glaubens und des Glücks. Das Gehirn der Erde arbeitet in Nordindien, China, Japan, Nord- und Mitteleuropa. Ihr Magen liegt in den subtropischen Gebieten der nördlichen Halbkugel, wo die Lebenskünstler wohnen. Die Kehle der Erde singt in Irland. Ihr Rückgrat liegt auf der westlichen Halbkugel in den Gebirgsketten der Anden und des Felsengebirges. Die Haut ihres ganzen Körpers ist mit der Flora begrünt, den Urwäldern."[1]

In der nordisch-germanischen Mythologie hieß die Erde *Midgard* – Mittelerde, die Menschenwelt. Der Sage nach wurde Midgard aus dem Körper des Urriesen Ymir gebildet:

Aus Ymirs Fleisch
Ward die Erde geschaffen,
Aus dem Gebein das Gebirg,
Der Himmel aus dem Schädel
Des schneekalten Riesen,
Die Brandung aus dem Blut.[2]

In diesen Versen aus der germanischen Edda-Sammlung erscheint die Erde als ein makrokosmischer Mensch, ein Wesen mit Knochengerüst, Haut und Haaren, mit Fleisch und Blut, wobei die Landschaften der Erde den verschiedenen Körperteilen dieser gewaltigen kosmischen Wesenheit entsprechen. Die Erde ist also – wie der Mensch selbst – ein vollkommener physisch-geistiger Organismus, gewirkt aus den ätherischen Kräften des Alls, ausgestattet mit Organen und Körperfunktionen sowie mit Wachstums-, Entwicklungs- und Selbstheilungskräften. Indessen, die physische Erde ist nur das äußerlich sichtbare Abbild der geistigen Erde – wobei „Geist" und „Materie" allerdings als eine untrennbare Einheit zu sehen sind, gleichsam als zwei Seiten derselben Münze.

Der Geist der Erde hat sich im Laufe eines vier Milliarden Jahre dauernden Weltwerdens aus den Nebeln des Schöpfungsuranfangs über zahlreiche Entwicklungsschritte bis zu dem herangebildet, was er heute ist: Heimstätte der Menschheit im All und Quellort geistiger Höherentwicklung! Ständig kommuniziert der Geist der Erde mit anderen Planetengeistern; denn er ist ja ein Teil des Sonnensystems. Durch die Weltalter hindurch entwickelt sich der Erd-Geist höher in zunehmender Bewusstheit. Vor allem aber ist die Geistigkeit der Erde eine weibliche, nicht eine männliche!

„Fast in allen Sprachen wird die Erde weiblich und, ein Gegensatz zu dem sie umfangenden väterlichen Himmel, als tragende, gebärende, fruchtbringende Mutter aufgefasst“[3] – diese Worte, mit denen Jakob Grimm seine Ausführungen über die Erdgöttin in der *Deutschen Mythologie* begann, haben bis heute ihre Gültigkeit bewahrt. Die Weiblichkeit der Erde ist keine bloß eingebildete, sondern eine tatsächliche. In den alten Volksüberlieferungen gibt es einen weitverbreiteten Kult um die *Mutter Erde* (lat. *Terra Mater*): zahlreiche im Brauchtum verwurzelte Fruchtbarkeitsriten, Flursegen, Saat- und Erntebräuche rufen die Erde als Mutter und Ernährerin an; auch als Schutzherrin menschlicher Geburt, Hüterin der Ehe und Heimstatt der Verstorbenen wird sie verehrt. Die Erde ist gleichsam der Mutterschoß, aus dem wir kommen, und in den wir auch wieder eingehen werden - denn auch wir sind ein Teil der Natur.

Die Mysterien der Mutter Erde sind auch die Mysterien des Ewig-Weiblichen. In der von C. G. Jung begründeten Tiefenpsychologie wird davon ausgegangen, dass die Kräfte des Männlichen und des Weiblichen - Animus und Anima - als Urtypen in den Tiefen der menschlichen Seele ruhen. Und zwar trägt auch der Mann das Weibliche in sich, wie umgekehrt die Frau das Männliche, denn Animus und Anima sind allgemein-menschliche psychische Kräfte. Das Seelenbild der Anima kann allerdings auch, je nach Entwicklungsstand, verschiedene Erscheinungsformen annehmen. Im allgemeinen unterscheidet C. G. Jung vier Erscheinungsformen der Anima, die mit den Namen *Eva, Helena, Maria* und *Sophia* bezeichnet werden.

In diesem Sinne bemerkt Marie-Louise von Franz (in: *Der Individuationsprozess*), dass es bei der Anima „vier Stufen ihrer Realisation gibt: die erste Stufe ist mythologisch am klarsten im Bild der Eva symbolisiert, als einem Bild rein biologischer

Bezogenheit. Die zweite Stufe ist zum Beispiel in Fausts Helena veranschaulicht. Sie symbolisiert eine romantische und ästhetische Form des Eros, vermischt mit sexuellen Elementen. Die dritte Stufe wäre zum Beispiel in der Jungfrau Maria verkörpert als Symbol des vergeistigten Eros. Die vierte Stufe erscheint in der Gestalt, welche die Liebe oft als Sapientia (Weisheit) personifiziert, da Weisheit offenbar als ein Weniges gegenüber dem Höchsten noch weiter reicht. Ein anderes Bild für die letzte Stufe wäre auch die Sulamit des Hohenliedes - sie verkörpert eine Entwicklungsstufe, die der moderne Mann nur selten erreicht. Die Mona Lisa reicht wohl am ehesten an sie heran."[4]

Die Erdgöttin als mythisches Wahrbild verkörpert alle vier Entwicklungsstufen der Anima; sie ist Eva, Helena, Maria und Sophia zugleich! Als Mutter, als Gebärende, als fruchtspendende Ernährerin wird die Erdgöttin zunächst in allen mythischen Überlieferungen bezeichnet, als Herrin über Saat und Ernte, zuweilen auch als Hüterin des Totenreichs; damit wird der Eva-Aspekt der Erde ausgedrückt. Sie ist die Üppige, die Fruchtbringende, die Gebärende. Der Helena-Aspekt der Erde zeigt sich vor allem in den Mythen, in denen die Erdgöttin die „Heilige Hochzeit" mit dem Himmelsgott begeht; aber damit ist die geistige Bedeutung der Erde noch nicht ausgeschöpft. Denn die Göttin der Erde ist ja vor allem immer die Weissagende, und der Archetyp des Weiblichen, der in ihr zutage tritt, ist derjenige der Maria, Sophia - die Frau als Hohepriesterin! „In den Träumen der Frau", schreibt Marie-Louise von Franz, „tritt das Selbst, wenn es sich personifiziert, als überlegene weibliche Gestalt auf, zum Beispiel als Priesterin, Zauberin, Erdmutter, Natur- oder Liebesgöttin...."[5]

Weibliches Priestertum und Seherkraft sind mit der planetarischen Wesenheit der Erde eng verbunden, und die weissagenden Priesterinnen Alt-Europas waren nichts anderes als Dienerinnen der Erdgöttin. Weise Frauen waren sie, und die Kultplätze dieser uralten matriarchalischen Religion wurden auf Orten konzentrierter Erdkräfte errichtet; als Beispiel hierfür sei das Orakel von Delphi genannt. Die delphische Pythia,

in Wahrheit eine Hohepriesterin der Erdgöttin, bezog ihre Seherkraft aus jener tiefen Erdspalte, über der sie saß. Die von dort aufsteigenden Dämpfe ließen sie in Verzückung geraten und weissagen. Die älteste Form der Weissagung scheint überhaupt diejenige zu sein, die aus der magischen Verbindung mit dem Element Erde erwächst.

Das *Orakel zu Delphi*, diese alteuropäische Mysterienstätte, war ursprünglich nicht dem männlichen Lichtgott Apollon geweiht, sondern der Erdgöttin Gaia. Aber aus der Zeit des Gaia-Kultes gibt es kaum noch Überlieferungen. So schreibt auch Thassilo von Scheffer: „Apollon ist nicht der ursprüngliche Besitzer und Urgott von Delphi. Hier herrschte als ein uns zuerst erkennbarer Kult ein solcher der Gaia (Erde) und wohl auch der Themis (Göttin heiliger Satzung), die auch schon Orakel gaben, über deren Erteilung wir aber nichts Näheres wissen. Jedenfalls galten auch beide als Verkünderinnen göttlichen Willens. Aber auch die alte Herdgöttin Hestia hatte hier ihre Opferstätte, auf der ein ewiges Feuer bei dem 'Nabel der Erde' unterhalten wurde. Auch der Drache weist auf chthonische Gottheiten, die ja stets mit Schlangen verbunden sind. Dazu zeigt der vielerwähnte Erdspalt und seine die Pythia begeisternden Dämpfe, dass hier ursprünglich den späteren Himmels- und Lichtmächten solche der Tiefe gleichberechtigt und sogar älter gegenüberstanden."[6]

Zu den weissagenden Dienerinnen der Erdgöttin im Alten Europa zählt man auch die trojanische Prophetin *Kassandra*, die - freilich ohne Gehör zu finden - den Untergang Trojas voraussagte; nach der Eroberung Trojas wurde sie von König Agamemnon gefangen genommen. Auch das klägliche Ende Agamemnons - er wurde von seiner Gattin Klytemnästra umgebracht - sagte sie voraus. In Zusammenhang mit Kassandra steht auch die (wohl aus Kleinasien stammende) Priesterinnen-Gilde der *Sibyllen*, die in Ekstase die Zukunft voraussagten und meist Unheil verkündeten. Ursprünglich kannte man nur eine Sibylle, als deren Vater Dardanos, der König von Troja, genannt wird. Später entwickelte sich aus diesem Personennamen ein Gattungsbegriff, und es gab in Griechenland eine ganze Reihe von Sibyllen, vor allem die erythräischen. Auf italischem Boden wirkten später die cumäischen Sybillen, die in Cumae - südlich von Neapel - ein Einweihungszentrum hatten. Es handelte sich um eine Grotte, in der Nähe des Averner Sees gelegen und der Göttin Hekate geweiht; im Altertum galt sie als Pforte zur Unterwelt.

In den Sibyllen, in den Priesterinnen von Delphi, in all diesen alteuropäischen Frauenbünden tritt der Sophia-Aspekt der Erdmutter deutlich zutage. Indessen hatte sich in Europa seit der Einwanderung der Indogermanen ein eher patriarchalisches Priestertum herausgebildet, und an die Stelle der von weisen Frauen getragenen Erdreligion trat nunmehr die Religion der (vorwiegend männlichen) Himmels-, Sternen- und Äthergötter. Die segensreiche heilbringende Polarität von Himmel und Erde - die ihren Höhepunkt erreicht in der alljährlich begangenen „Heiligen Hochzeit" zwischen Erdmuttergöttin und Himmelsvatergott - wurde dadurch aufgelöst, und das Schwergewicht verlagerte sich nunmehr eindeutig zum Männlichen hin. Die Reihe der Vater-Religionen beginnt mit dem Zeus-Glauben der Griechen, sie wurde konsequent herausgebildet in der Jahwe-Religion der Juden, und sie endet mit dem Christentum, dessen Hauptgebet ja lautet: *„Vater unser, der du bist im Himmel ....“*

Für die Große Mutter, für die Erdgöttin, für weibliches Priestertum im Dienste der Erde war nun kein Raum mehr. Das Lebendige, das Wesenhafte der Erde trat somit hinter einen Schleier, der so bald nicht mehr gelüftet werden sollte. Bestenfalls galt „Mutter Erde“ noch als die große Gebärerin, als die fruchtbare Eva; aber eine über die bloße Mütterlichkeit hinausgehende spirituelle Sophia-Dimension wurde ihr nicht mehr zuerkannt. Eine verschleierte Göttin, eine Verhüllte und Unbekannte, ist bis heute die Erdmutter den Menschen geblieben, und doch spricht sie ja ständig zu uns, ohne dass wir es merken: aus dem Flüstern des Wassers, aus Bäumen, Blumen und Steinen, ja aus der ganzen sichtbaren Natur. Aber die geistig erwachenden Menschen unserer Zeit verschließen sich nicht mehr der Stimme der Erde. In dem Maße, in dem das jahrtausendealte Patriarchat zerfällt, wird eine neue Spiritualität der Erde sich Bahn brechen. Die Erde spricht! Sie mahnt die heutigen Menschen, umzukehren und abzulassen von dem sinnlosen - letzten Endes selbstzerstörerischen - Raubbau an der Natur. Die Natur muss wieder jene höhere Weihe erhalten, die ihr als lebenerfüllter geistgewirkter Organismus zukommt.

Magna Mater – die Urgöttin

Plötzlich, während der letzten Eiszeit, vor rund 20.000 Jahren, tauchen überall in Westeuropa Kultbilder der Großen Muttergöttin auf; ihre Schöpfer waren die hochentwickelten *Cromagnon*-Menschen, die in der subarktischen Tundra des damaligen Europa von der Jagd auf Mammute, Rentiere und Bisons lebten. Dieses plötzliche Auftauchen einer sakralen Kunst im Dienste einer matriarchalischen Urreligion gehört immer noch zu den größten Menschheits-Rätseln. „Mit den auch historisch ältesten Darstellungen der Großen Mutter als Steinzeitgöttin taucht der Archetypus des Großen Weiblichen mit einem Male und in überwältigender Ganzheit und Vollkommenheit in der Welt der Menschen auf. Diese Figuren der Großen Göttin sind, abgesehen von den Höhlenmalereien, die ältesten Kultwerke und Kunstwerke der Menschheit, die wir kennen." So Erich Neumann in seinem Buch *Die Große Mutter*[7]

Wer nach der Urreligion Europas fragt, der fragt zugleich nach der Religion der Großen Mutter, und diese war eine gänzlich erd- und kosmosverbundene. Wesentlich geprägt von der Denkweise und dem Lebensrhythmus einer ackerbautreibenden Kultur, standen im Mittelpunkt dieser Religion die fruchtbringenden Vegetationskräfte der Erde, ja die Erde selbst stand im Mittelpunkt, die als die Magna Mater oder Urmutter allen Seins verehrt wurde.

Die Magna Mater der europäischen Jungsteinzeit (*Neolithikum*) war die Terra Mater, die Mutter Erde als eine lebendige, durchseelte und mit Bewusstsein ausgestattete Wesenheit. Als solche stand sie im Mittelpunkt der westeuropäischen Megalith- (oder Großstein-) Kultur, die sich von Südspanien über die Bretagne und die Britischen Inseln bis nach Norddeutschland und Südskandinavien ausbreitete. Dabei galt die Erde als eingebettet in kosmische Bezüge, durch die sie mit Sonne und Mond wie überhaupt mit der ganzen Sternenwelt verbunden war. Nun ist die Magna Mater als solche wesentlich älter als

das Europa der Jungsteinzeit; wir finden ihre Kultbilder schon in den Ruinen von *Çatal Hüyük*, einer ausgegrabenen kompletten Stadtsiedlung in Südanatolien, die als eine der ältesten Städte überhaupt gilt (geschätztes Alter: mindestens 8000 v. Chr.); wir finden ihre Bilder auch in den Ruinen von *Harappa* und *Mohenjo Daro*, den Städten der uralten Industal-Kultur, die sicherlich schon im 5. Jahrtausend vor unserer Zeitrechnung die Phase ihrer Hochblüte durchlebt hat.

In Europa hat man Statuetten einer unförmig-plumpen Magna Mater aufgefunden, die noch aus der Altsteinzeit stammen; ihr Alter dürfte sich gut und gerne auf 20.000 Jahre belaufen. Hieran sieht man, dass die Große Mutter eigentlich ein Archetypus ist, der als etwas Überzeitliches in den Tiefenschichten unserer Psyche ruht. Und es versteht sich von selbst, dass die Große Mutter als Archetyp ganz verschiedene Gestalt annehmen kann: sie kann Himmelsmutter, himmlische Jungfrau oder Göttergattin sein; sie kann aber auch als Ahnengöttin, Totengöttin oder Erdmuttergöttin in Erscheinung treten.

Es ist zu vermuten, dass die Magna Mater der Jungsteinzeit in erster Linie Erdgöttin war, denn erst im Verlauf dieses Äons wurde der Mensch ja sesshaft, indem er Landwirtschaft zu treiben begann. Und es war die Bandkeramik-Kultur, die –

vom Balkanraum ihren Ausgang nehmend - die agrikulturelle Lebensweise und die mit ihr verbundene Kulturidee der Großen Muttergottheit nach Mitteleuropa brachte. „Es ist die Kultur der Bandkeramik", schreibt Herbert Kühn, „die den Gedanken der Großen Mutter zusammen mit dem Ackerbau nach dem Balkan und vom Balkan die Donau entlang bis nach Belgien bringt."[8]

Die Urreligion der Magna Mater hat überall in Europa sichtbare Zeugnisse hinterlassen, von einzelnen Kultsteinen angefangen bis hin zu ausgedehnten jungsteinzeitlichen Tempelanlagen. Das Rätsel dieser vorgeschichtlichen Kultstätten ist noch nicht ganz gelöst. Es handelt sich hier um Bauwerke von unterschiedlicher Art und Verwendung. Teilweise waren es Grabanlagen, wie etwa die berühmten Ganggräber von *Almeria* und *Los Millares* in Südspanien: die dort gefundenen Skelette und Weihgaben an die Ahnengötter beweisen es. Aber wichtiger als der Totenkult waren die kosmischen Bezüge; denn in der Sicht des Vorzeitmenschen waren Mensch, Erde und Kosmos in einen einzigen, lebendigen Gesamtzusammenhang hineingewoben. Und aus den Erfahrungen eines bäuerlich lebenden Urvolkes wurde eine Religion geboren, die Erdenwelt und Sternenwelt in einem innigen Zusammenhang sieht: eine wahrhaft kosmische Religion!

Die Megalithiker als ein Landwirtschaft betreibendes Volk benötigten zur Bestimmung der lebensnotwendigen Aussaat- und Erntetermine einen Kalender, und dieser richtete sich nach dem Jahreslauf der Sonne. Eine exakte Beobachtung der jährlichen Sonnenbahn war daher notwendig. Die Sonne erschien in der Sicht des Vorzeit-Menschen als eine mächtige lichtstrahlende Gottheit, und sie galt als etwas Urmännliches, wie umgekehrt die Mutter Erde eine Verkörperung des Urweiblichen war. Beide - Sonne und Erde - waren in einer heiligen Symbiose zusammengeschlossen; sie bildeten eine männlich-weibliche Polarität des Göttlichen, aus der Leben und Fruchtbarkeit hervorging.

Dies war nicht nur ureuropäischer Glaube, die Religion der Jungsteinzeit, sondern - wie das folgende Zitat nachweist -

auch indianischer Glaube, und zwar noch bis in die Gegenwart hinein: „Bei den Eingeborenen von Nordamerika, den Indianern, spielt die Erdmutter die größte Rolle. Den Comantschen ist die Erde ihre eigene Mutter, der große Geist ihr Vater. General Harrison rief den Häuptling der Shawnees, Tecumseh, zu einer Unterredung. ‚Komm her, Tecumseh, und setze dich zu deinem Vater!' ‚Du mein Vater?' sagte der Häuptling. 'Nein, die Sonne dort (nach ihr hinweisend) ist mein Vater und die Erde ist meine Mutter, ich will an ihrem Busen ruhen', und er setzte sich an ihren Busen."[9]

Die altindische Bhudevi

In Indien geht die Verehrung der Erdgöttin bis auf die vorgeschichtliche Industalkultur zurück, die mit der Ausgrabung der Ruinen von *Harappa* und *Mohenjo Daro* wieder freigelegt wurde. Die vedische Frühzeit Indiens war durchdrungen von einem Geist tiefreligiöser Natur- und Erdverehrung, und noch im nachvedischen Indien besaß die Erdgöttin eine große Bedeutung. Man verehrte sie als Göttin *Bhu* oder *Bhudevi,* die dem Mythos zufolge vor der Schöpfung auf dem Grunde des Urmeeres ruhte. Dort fand sie Brahma und hob sie an die Oberfläche empor in Gestalt einer Lotosblume *(Nymphaea stellata)* mit vielen Blumenblättern, die sich prachtvoll öffneten, sobald sie das Licht erreichten. In der Kunst wird *Bhudevi,* die Erdgöttin, mit einem blauen Lotos in der rechten Hand dargestellt. Sie wird oft als eine Inkarnation von Lakshmi, Vishnus Gemahlin, angesehen.

Auch als *Prithivi* wurde die Mutter Erde im klassischen Indien verehrt; als Gattin des *Dyaus,* Mutter des Indra und des Agni war sie die Erde selbst, vergleichbar mit der griechischen Gaia oder der römischen Tellus Mater. Manchmal wurde sie als Kuh dargestellt, die den Schutz Brahmas, des Schöpfers, sucht. Die Gaben, die sie den Menschen schenkt, sind Korn und Früchte. Von manchen wurde sie als die Mutter aller Götter betrachtet, aber sie ist auch die Mutter aller Menschen, Pflanzen und Tiere, sodass ihr Name Prithivi als gleichbedeutend mit „Natur“ verwendet wird, da sie wie die römische Göttin *Natura* diejenige ist, die beständig Leben schenkt.

Wie sehr sich die Verehrung der Großen Muttergöttin auch im modernen Indien erhalten hat, sieht man aus dem Gedicht *Bande Mataram* des bengalischen Lyrikers Bankim Chandra Chattopadhyay (1838–1894), in dem er in mystischer Weise die Erde mit der Dhurga identifiziert und verherrlicht. Dieses Lied, ein moderner Hymnus an die Göttin Erde, wurde oft als die Nationalhymne Bengalens bezeichnet:

Ich grüße die Mutter,
Die wasserdurchfunkelte,
Reich mit köstlichen Früchten begabte
Und von Malayawinden gelabte,
Lieblich vom Grase umdunkelte,
Dich, deren Nächte im Mondschein glänzen,
Dich, die der Bäume Blätter bekränzen,
Dich, deren Sprache so süß erklingt,
Lächelnde, die uns den Segen bringt,
Freundlich Erhörende, Wünsche Gewährende,
Mutter, ich grüße Dich! [10]

Im *Atharvaveda*, einer altindischen Dichtung aus indogermanischer Frühzeit, findet sich ein machtvoller Hymnus an die Göttin Erde, der in seiner visionären Sprachkraft einzigartig dasteht und in seiner Eindringlichkeit auch den heutigen Menschen zutiefst anzusprechen vermag.

Heiliges Mysterienwissen erklingt aus den Strophen dieses Hymnus, der - gleich den Strophen des *Rigveda* - dem ältesten Wurzelboden indischer Geistigkeit erwuchs. Mit einem „aus uralter Zeit ererbten Ausdruck"[11], so nennt es Oldenberg, wird in diesen in Birkenrinde eingeritzten Hymnenliedern von der „Mutter Erde" gesprochen; sind doch schon in den Texten der klassischen vedischen Zeit Himmel und Erde als Mächte von nur schattenhafter Bedeutung in den Hintergrund getreten.

Der Atharvaveda gehört in die Sammlung der Veden, die - zusammen mit den zeitlich jüngeren Upanishaden - auch heute noch zu den kanonischen Texten des Hinduismus zählen. Das Wort Veda leitet sich her von *vidya*, d.h. das Wissen, das Gesehene. Darin finden wir die indogermanische Wurzel *vid*, die uns auch in dem lateinischen Verb *videre* - sehen begegnet. Die Veden, deren Umfang den der Bibel um das Sechsfache übersteigt, verstehen sich somit als geheiligtes Wissen. Nach orthodoxer Ansicht sind sie nicht menschliches, sondern göttliches Wissen, das anfanglos und unvergänglich ist, und von den Priestern der Vorzeit in weltentrückter Schau „gesehen" wurde.

Grundlegend für das altvedische Denken ist, wie Hans Joachim Störig in seiner *Weltgeschichte der Philosophie* schreibt, dass „die unserem Denken heute so selbstverständliche Unterscheidung von Belebtem und Unbelebtem, von Personen und Sachen, von Geistigem und Stofflichem noch nicht vorgenommen wurde. Die frühesten Götter waren Kräfte und Elemente der Natur. Himmel, Erde, Feuer, Licht, Wind, Wasser werden, ganz ähnlich wie bei anderen Völkern, als Personen gedacht, die nach Art der Menschen leben, sprechen, handeln und Schicksale erleiden."[12]

Der gesamte Veda enthält vier *Sanhitas*, Sammlungen von Liedern und Sprüchen für den Gebrauch der Priester bei feierlichen Opferhandlungen: den Rigveda, den Samaveda, den Yajurveda und den Atharvaveda. Der Rigveda zunächst ist das Buch der Götterhymnen. Seine 1028 Hymnen sind an die verschiedenen Naturgötter des frühen indisch-arischen Pantheons gerichtet: an den Feuergott Agni, an den Sonnengott Surya, an den Windgott Vata, und natürlich an Indra, den Beherrscher von Blitz und Donner. Der Samaveda enthält Lieder und ist daher von grundlegender Bedeutung für die indische Musik. Der Yajurveda ist eine Sammlung von Opfersprüchen. Der Atharvaveda mit seinen 731 Hymnen gilt als eine Sammlung von Zaubersprüchen und magischen Anrufungen; aber es sind - wie im Rigveda - auch Lieder zum Lobpreis von Göttern darin zu finden.

Wir haben guten Grund, den Atharvaveda gerade seiner Magie wegen zu den ältesten Teilen der Veden-Sammlung überhaupt zu rechnen. Ist doch die Magie die Urform der Religion, der Magier stets der Vorläufer des Priesters gewesen. Tatsächlich wird das Alter des Atharvaveda auf rund 4000 Jahre geschätzt; seine Texte stammen vermutlich noch aus der Zeit, als die ostindogermanischen Stämme der Aryas, wie sie sich selbst nannten („Arier", das heißt die „Edlen"), in das damals dichtbewaldete Industal und in den Pandschab vorstießen. Der Geist jener Zeit war geprägt von einer staunenden Ehrfurcht vor der Natur. Die voralpine Landschaft an den Ufern des Indus und die schneebedeckten Bergriesen des Himalaya im Hintergrund - das war die Umgebung, in der jene ersten „Arier", ein schlichtes anspruchsloses Bauernvolk, das Göttlich-Numinose in der Natur erleben konnten.

Die Zeit zwischen 1000 und 750 v. Chr., gekennzeichnet durch das weitere Vordringen der Arier in die Ganges-Ebene, gilt nicht mehr als die altvedische oder Hymnenzeit, sondern als die Zeit der Opfermystik. Die Kaste der Brahmanen hatte sich allmählich herausgebildet. Und der Mensch hatte sich gegenüber der Natur und den Göttern ein neues Selbstbewusstsein angemaßt: der Opfernde ist nun nicht mehr der Bittende, der sich an höhere Weltwesen wendet, sondern er ist der machtvolle Magier, der durch zwingenden Opferspruch den Göttern alles dem Menschen Zuträgliche abzunötigen vermag. Fast sieht es so aus, als stünden nicht die Götter über den Menschen, sondern umgekehrt die Menschen über den Göttern. In der Zeit zwischen 750 und 500 v. Chr., in der die Arier die Urbevölkerung des zentralindischen Dekkan-Hochlandes unterwerfen, entsteht eine neue Literaturgattung: die Upanishaden. Das Indertum hatte sich nun ganz auf das Gebiet der philosophischen Spekulation geworfen, wobei der alte vedische Götterglaube nur noch schemenhaft weiterlebte.

Der Hymnus an die Erde im Atharvaveda enthält nicht nur das Urwissen der Erdmysterien, wie es auch in anderen Teilen der Welt vorhanden war, sondern er spricht in dichterisch vollendeter Form einige grundlegende Schöpfungsgeheimnisse aus, die sich nur dem sehenden Geistesauge offenbaren. Nicht mit dem physischen Sinnesauge, sondern mit dem Geistesauge wird hier die Erde geschaut wie auch die Geisteswesen, die über sie wachen; ja der Seherblick des Dichters umfasst nicht nur die Erde in ihrem gegenwärtigen Zustand, sondern in ihrer ganzen Gesamtentwicklung, die auch fernste Vergangenheit und Zukunft miteinbezieht. Dabei erscheint die Erde immerzu als eine lebendige Wesenheit, als eine göttliche Person, die am Weltgeschehen tätigen Anteil nimmt.

Bei einem „Hymnus" handelt es sich nicht um ein Stück Lyrik im üblichen Sinne; es gibt keine bestimmte Metrik, keine besondere dichterische Stilart oder Technik, die einen Hymnus in formaler Hinsicht kennzeichnet. Und ein besonders weihevolles Gedicht braucht noch lange kein „Hymnus" zu sein. Ein Hymnus ist in erster Linie immer Götterdichtung, ähnlich wie der Epos Heldendichtung; es geht in einer Hymne also um die Anrufung und Verehrung höherer Weltwesen: sie verfolgt einen rein kultischen Zweck und ist mit weltlicher Dichtung nicht vergleichbar. Die magische Anrufung, die Invokation, auch vielleicht der Zauberspruch mag als Vorform der Hymne gelten. Das Rezitieren von Hymnen war eine heilige Weihehandlung, die im Rahmen eines eigens dafür vorgesehenen Kultes vollzogen wurde. Mit Sicherheit ist daher anzunehmen, dass der vedische Hymnus an die Erde aus indischer Frühzeit auch im magisch-kultischen Rahmen zelebriert wurde. Es handelt sich also um einen liturgischen Text, Ausdruck einer ganz praktischen Verehrung der Mutter Erde, die in den alten Hochkulturen einen festen Platz einnahm.

So atmet der vedische Hymnus den Geist einer Mutter-Erde-Religion, die ursprünglich in Europa und Asien gleichermaßen weitverbreitet gewesen sein muss. Aber gewiss finden wir in dem Hymnus auch viel Naives, etwa die mit kindlicher Einfalt hervorgebrachten Bitten um Fruchtbarkeit, um Wohlstand und reiche Ernte, wobei die Erde - welch ein üppiges Sprachbild! - mit einer strotzenden Milchkuh verglichen wird. Doch dies Kindhafte soll uns nicht darüber hinwegtäuschen, dass es geistiges Urwissen ist, das aus den Strophen dieses Hymnus zu uns spricht:

STROPHE 1

Die hohe Weltenwahrheit, Recht voll Strenge,
Die Weihe und Bescheidung, Andacht, Opfer,
Erhalten uns die Erde durch ihr Wirken.
Herrin des Gewordenen und Werdens,
Sie soll uns ausgedehnten Raum gewähren!

STROPHE 2

Die Unbeengte, trotz des Menschen-Andrangs,
Die Gipfelhöhen hat und Täler, weite Ebnen,
Die vielgestaltiges Gewächs ernährt, die Erde,
Sie breite sich uns aus, sie sei uns willig!

STROPHE 3

Auf der die Meere wogen, Flusslauf und Gewässer,
Auf der Getreide und des Pfluges Kraft gedeihen,
Die Erde, wo, was atmet, sich lebendig reget,
Sie möge uns den ersten Opfertrank bereiten!

STROPHE 4

Auf der vier Himmelsrichtungen sich dehnen,
Auf der Getreide und des Pfluges Kraft gedeihen,
Die Erde, wo, was atmet, tausendfach sich reget,
Mit Rinderreichtum soll sie uns beschenken!

STROPHE 5

Auf der die Urzeit-Völker einstmals wohnten,
Die Götter einstmals kämpften mit Dämonen,
Auf der die Rinder, Pferde, Vögel Bleibe haben:
Die Erde gebe uns den Glanz des Glückes!

STROPHE 6

Die allerhaltende, begütert, fest gegründet,
Goldbrüstige, die das Lebendige umheget,
Die auch das Agni-Feuer hütet, diese Erde:
Mit Indras Stierkraft schenk' sie uns Besitztum!

Der Hymnus an die Göttin Erde im Atharvaveda liegt mittlerweile in mehreren deutschen Übersetzungen vor. Meine eigene Übertragung versteht sich ausdrücklich als freie Nachdichtung; unter dem Titel *Hymnus an die Mutter Erde* ist dieses kleine Werk nun auch in Buchform erschienen. Es ersetzt die immer noch gute, doch in vieler Hinsicht schon veraltete Übersetzung des Indologen Hermann Beckh (1934).

Homers Allmutter Erde

Es ist ein Geist tiefreligiöser Naturverehrung und schöpfungsverbundener Spiritualität, der in den indoeuropäischen Völkern der Frühzeit lebte. Dieser Geist kommt in der altindischen Veden-Dichtung ebenso zum Ausdruck wie in den Liedern des Orpheus oder in den unsterblichen Göttergesängen des Homer. Ein dem Homer zugeschriebener Hymnus trägt den Titel *An die Allmutter Erde*. Er bezeugt das Vorhandensein einer Mutter-Erde-Religion im archaischen Griechenland, in der Welt Homers.

Die Welt Homers ist eine mythisch verklärte, eine durchgeistete Welt - ganz anders als unsere heutige „entzauberte" Daseinswirklichkeit. Die Menschen der frühgriechisch-homerischen Zeit sprachen von „Göttern" und meinten damit etwas ganz Reales. Die übersinnlichen Wirklichkeiten waren noch unmittelbar gegenwärtig im Bewusstsein der Menschen. Wir Heutigen haben eher Schwierigkeiten, dies zu verstehen, da wir mit dem Gottesbegriff ganz andere Inhalte verbinden. Geprägt durch die über Jahrhunderte, ja über Jahrtausende wirkende Formkraft der jüdisch-christlichen Kultur, haben wir uns daran gewöhnt, uns unter der Gottheit eine rein jenseitige, außer- und überweltliche Macht vorzustellen. Nicht so die Menschen der antiken Welt. Ihre Götter waren dem Weltganzen innewohnend, ja selbst dem Weltlauf unterworfen, und dabei fast ebenso fehlbar wie die Menschen.

Es darf davon ausgegangen werden, dass die indogermanischen Frühgriechen der mykenischen Zeit (etwa 1600 bis 1150 v. Chr.) ihre Götter noch ganz naturmystisch in den Naturerscheinungen selbst wahrnehmen konnten. Demgemäß verehrten sie diese Götter ursprünglich nicht in gemauerten Tempeln, sondern in der Natur selbst: in sorgfältig eingefriedeten heiligen Hainen, wie wir sie im europäischen Norden bei den keltischen und germanischen Völkerschaften vorfinden. So gab es, beispielsweise, einen heiligen Hain der Jagdgöttin Artemis auf der Insel Delos, und in Dodona stand ein geheiligter Eichenhain des Göttervaters Zeus. Mit dem Animismus der Primitiven oder mit fetischistischer Naturvergötterung hat diese hochgeistige Naturmystik der frühen Griechen nichts zu tun. Die Götter wurden geschaut als numinose Geistkräfte, die wohl eigentlich „hinter" den Naturerscheinungen walten, aber nur „in" ihnen zum Ausdruck kommen konnten. So war die Natur mit allem Belebten darin nichts anderes als eine Erscheinung des Göttlichen.

Homer, der blinde Sänger von der Insel Chios - so beschreibt er sich ja selbst -, ist vor allem bekannt als Verfasser des unsterblichen Heldenepos *Ilias und Odyssee*. Die ihm ebenfalls zugeschriebenen *Homerischen Götterhymnen* sind mit Sicherheit zwischen seinen Lebzeiten und den Perserkriegen, also zwischen dem 8. und dem 5. Jahrhundert vor unserer Zeitrechnung geschrieben worden. Sie teilen sich in zwei Gruppen: in die 5 „großen Hymnen", von denen zwei sich an den Gott Apollon und je einer an Hermes, Aphrodite und Demeter wenden, und in die 29 „kleinen Hymnen", in denen mehr oder weniger alle wichtigen Götter der altgriechischen Religion angerufen werden. Meist endet der Hymnus mit der fast stereotypen Formel: *„Ich aber werde deiner und anderer Gesänge gedenken"*, was auch wieder erkennen lässt, dass diese Hymnen nicht bloß Dichtwerk waren, sondern einem liturgischem Zweck im Rahmen eines genau vorgeschriebenen Kultus dienten. Zu den 29 kleineren Hymnen zählt auch der mit dem Titel *An die Allmutter Erde*, der hier in vollem Wortlaut zitiert werden soll:

> Erde, du aller Mutter, du festgegründete, singen will ich von dir, uralte Nährerin der Geschöpfe, die du alles, was im Meer und auf heiligem Boden, was in den Lüften lebt, ernährst mit quellendem Segen; du nur lässt sie gedeihen so reich an Kindern und Früchten.
>
> Heilige Göttin, es steht bei dir, den sterblichen Menschen Leben zu geben, zu nehmen.
>
> O selig, wem du in Güte segnend gewogen, denn alles erblüht ihm in üppiger Fülle; schwellende Saat be-

deckt ihm alle Felder und reiche Herden beweiden sein Land, sein Haus birgt Schätze in Menge.

Und so herrschen sie denn in der Stadt voll lieblicher Frauen mild nach rechtem Gesetz, begleitet von Segen und Reichtum.

Jünglinge schreiten stolz in junger, blühender Freude, Jungfrauen spielen fröhlich in blütenumschlungenen Reigen tanzbeseligt dahin auf den weichen Blumen der Wiese: alle, die du gesegnet,

du spendende, heilige Göttin. Heil dir, Mutter der Götter, du Gattin des sternübersäten Himmels. Für meinen Gesang gewähre mir glückliches Dasein. Ich aber werde deiner und andrer Gesänge gedenken.[13]

Es ist die innewohnende Seele des Erdplaneten, vorgestellt als Göttin Gaia, die hier besungen wird: „Nährerin aller Geschöpfe", „heilige Göttin" und „Gattin des sternübersäten Himmels" wird sie genannt. Die zuletzt erwähnte Bezeichnung verweist nochmals auf die mystische Ehe zwischen Gaia und Uranos, dem Himmelsvater und Beherrscher des Äthers; aus dieser Verbindung sind nach griechischer Theogonie alle Weltwesen hervorgegangen.

Mögen die Homerischen Götterhymnen nun von Homer selbst geschrieben worden sein oder nicht, sie tragen auf jeden Fall unverkennbar homerischen Geist in sich. Und der Geist Homers, das ist der Geist des frühen indogermanischen Griechentums, der strenge einfache Geist der Dorer und Achäer; der Geist auch, der in den aus groben Megalithen gebauten mykenischen Königsburgen waltete - ganz anders noch als das spätere dekadente Griechentum, eine Nation von Händlern, Geschäftemachern, Rednern, Politikern und philosophischen Dialektikern; nicht Bauern, sondern luxusgewohnte Stadtmenschen. Die Lebensspanne Homers fällt genau in jene Übergangszeit hinein, in der sich die anspruchslose altgriechische Bauerngesellschaft allmählich in eine urbane Zivilisation verwandelte, was einherging mit einem Verfall der Sitten und einem langsamen Dahinschwinden des alten inbrünstigen Götterglaubens.

So war Homer seiner geistigen Richtung nach eigentlich ein Restaurator, der in seinen ergreifenden Epen stets an die Helden der Frühzeit - das heißt, der ersten indogermanischen Einwanderungswelle (etwa um 1600 v. Chr.) - erinnern wollte, an Menelaos und Agamemnon etwa, die stolzen Herren von Mykenai. Homer war denn auch der Letzte seiner Zeit, in dessen Geist die alte olympische Götterwelt noch lebendig war; dem allgemeinen Göttersterben folgte kaum 300 Jahre nach seinem Tod die rein spekulativ ausgerichtete ionische Naturphilosophie. In der Welt Homers ist es hingegen noch möglich gewesen, der Erdengöttin Gaia (Ge) sowie dem Sonnengott Helios und dem olympischen Hauptgott Zeus kultgemäße Opfer darzubringen:

Bringt zwei Lämmer:
ein Böcklein mit weißem Fell
und ein schwarzes Weibchen
für Ge und Helios;
Zeus empfange ein drittes.
(Ilias III, 103/104)

Uranos und Gaia bei Hesiod

Hesiod wird zuweilen als der „erste Dichter auf europäischem Boden" bezeichnet, denn Heimat und Wirkungskreis des Homer lagen ja noch im ionischen Kleinasien. Hesiod entstammte jedoch der Kulturlandschaft Böotien, die in Griechenland selbst an der ägäischen Mittelmeerküste gelegen ist; um 700 v. Chr. soll er dort in Askra geboren worden sein. Am Helikon (im Altertum der Name für den Bergrücken östlich vom Parnass in Böotien) erlebte er – friedlich inmitten der unberührten Natur die Schafe hütend – seine Berufung durch die Musen und wurde daraufhin ein Rhapsode. Unter einem Rhapsoden versteht man einen Dichter-Sänger, der als ein fahrender Spielmann durch die Lande zieht und im festlichen Kreis homerische oder selbstverfasste Epik vorträgt.

Das Lebensmilieu des Hesiod war ganz offensichtlich das der Bauern und Schafhirten, und aus einer tiefen Naturverbundenheit konnte er die lebendig tätigen Wesenheiten der übersinnlichen Welt wahrnehmen und das geistig Geschaute in dichterische Worte fassen. Der Höhepunkt seiner Laufbahn war sein Sieg im Dichterwettstreit bei den Leichenspielen für

König Amphidamas in Chalkis. Sein bedeutendstes Werk stellt eindeutig die *Theogonie* dar, ein großartiges Gesamtsystem griechischer Göttermythologie, das in ebenso düsteren wie grandiosen Bildern den Prozess des Weltwerdens darstellt, wie er vom Seherauge geschaut wurde.

Theogonie bedeutet ja eigentlich „Gottwerdung", also das Entstehen und Vergehen der Göttergeschlechter, aber Theogonie ist im griechischen Denken immer auch zugleich Kosmogonie; Götterwerdung ist also auch Weltwerdung, denn die Weltentwicklung im Diesseits ist untrennbar verknüpft mit dem Wirken der Geistigen Hierarchien in der übersinnlichen Welt. Deshalb muss die hesiodische *Theogonie* zusammen mit der *Genesis* der Bibel und dem *Völuspa*-Lied der germanischen Edda zu den großen Weltschöpfungs- und Weltentstehungsmythen gerechnet werden, die aus dem dumpfen Ahnen der noch kindlich-hellsichtigen Menschheit der Frühzeit hervorgegangen sind.

Man sagt, dass Homer und Hesiod den Griechen ihre Götterwelt gegeben haben; aber Tatsache ist, dass beide auch an uralte vorgriechische Mythen anknüpfen, vor allem an die Gaia-Religion der Pelasger, jener unbekannten mediterranen Urbevölkerung Griechenlands, die von den um 1700 v. Chr. aus dem Norden eingewanderten Stämmen der Ionier, Dorer und Achäer auf der hellenischen Halbinsel und in der Ägäis vorgefunden wurde. Gaia ist vermutlich eine chthonische Fruchtbarkeitsgöttin der Pelasger. Gaia wird bei Homer mit Zeus und Helios zusammen im Eid als Zeugin angerufen; sie steht an Rang und Bedeutung Zeus und dem Sonnengott nicht nach. Nach der Theogonie Hesiods war zuerst nur das „Chaos" da: die Urgöttin Chaos als der Urstoff allen Lebens! Aus diesem Urstoff Chaos ging dann Gaia, die „breitbrüstige Erde" hervor, die ihrerseits aus sich heraus den Himmelsgott Uranos gebar wie auch das Gebirge und das Meer, den Pontos und den Okeanos.

Von Uranos befruchtet, dem Sohn und Gatten zugleich, gebar die Ur- und Allmutter Gaia die Titanen, die Kyklopen und die Hekatoncheiren. Da Uranos seine Kinder hasste und er sie in den Schoß der Erde zurückstieß, erhob sich der jüngste der Titanen, Kronos, und entmannte den Uranos. Aus den Blutstropfen, die auf die Erde fielen, gebar Gaia die Erinnyen und die Giganten. Später half sie den von ihrem Vater Kronos unterdrückten Titanenkindern, vor allem dem Zeus, der ja dann das olympische Göttergeschlecht begründete. Im Kult wurde Gaia besonders in Attika verehrt, in der bildenden Kunst findet man sie meist mit Füllhorn und Früchten dargestellt. Bekannt ist vor allem die Abbildung der Gaia auf dem sogenannten Gigantenfries des Pergamon-Altars (Abb. S. 32). Am Anfang also war, wie gesagt, das Chaos. Und nachdem Hesiod als Rhapsode am Beginn seiner Dichtung die Musen als Schutzgeister angerufen hatte, fährt er fort:

> Gaia, die Erde, erzeugte zuerst den sternigen Himmel, gleich sich selber, damit er sie dann völlig umhülle, unverrückbar für immer als Sitz der ewigen Götter, zeugte auch hohe Gebirge, der Göttinnen holde Behausung, Nymphen, die die Schluchten und Klüfte der Berge bewohnen; auch das verödete Meer, die brausende Brandung gebar sie ohne beglückende Liebe, den Pontos; aber dann später gebar sie Okeanos' wirbelnde Tiefe.[14]

Im Europa der Jungsteinzeit nahm die Verehrung der Erdenmutter als der Magna Mater sowie der Gedanke einer Heiligen Hochzeit oder *Hieros Gamos* zwischen Himmel und Erde eine herausragende Bedeutung ein. Auch Hesiod spricht von einer solchen Heiligen Hochzeit, wenn er den Mythos von Uranos und Gaia erzählt, zu deren Kindern unter anderem auch die Titanen gezählt werden:

> Koios und Kreios dazu und Iapetos und Hyperion, Theia sodann und Rheia und Themis, Mnemosyne ferner, Phoibe, die goldbekränzte, und auch die liebliche Tethys; als der jüngste nach ihnen entstand der verschlagene Kronos, dieses schrecklichste Kind, er hasste den blühenden Vater.[15]

Es gibt im Verborgenen chthonische Kräfte und Wesenheiten, tellurische Energien in den Eingeweiden der Erde, und der Seherblick des Dichters erkennt in diesen Urkräften das Wirken der Titanen. In den Titanen sind also die Personifizierungen von Naturkräften und Erdenergien zu sehen, die in der Aura unseres Planeten tätig sind. Die Geist- und Götterkräfte der Titanen waren in allen Elementen wirksam, im Himmel, auf der Erde und im großen Weltmeer. Die Titanen sind nach hesiodischer Theogonie das zweite Göttergeschlecht innerhalb der Weltentwicklung, während das erste und älteste Göttergeschlecht von den Geschöpfen des Chaos und den Kindern der Nacht gebildet wurde. Aber noch andere Kinder sind der Ehe von Uranos und Gaia entsprossen – die Kyklopen, stirnäugige Riesen, und die Hekatoncheiren: hundertarmige Ungeheuer!

> Auch die Kyklopen gebar sie, die wildüberhebenden Herzens, Brontes und Steropes auch und den finstergewaltigen Arges; diese dann gaben dem Zeus den Donner und schufen die Blitze. Zwar in allem glichen sie sonst den ewigen Göttern, doch inmitten der Stirn lag ihnen ein einziges Auge, und so hatte man ihnen den Namen Kyklopen gegeben, weil auf der Stirn das Rund des einzigen Auges gelegen, in ihren Werken aber lag Stärke, Gewalt und Erfindung.[16]

Titanen, Kyklopen und Hekatoncheiren, dies also sind die schrecklichen Kinder der Gaia! Uranos aber, der Beherrscher des Ätherraumes, hasste seine eigenen Kinder und stieß sie zurück in den Schoß der Erde, in den Tartaros. Und dann wird berichtet, wie der mächtigste der Titanen, der listenreiche Kronos, sich wider den Vater erhebt und ihn mit Hilfe einer eisernen Sichel entmannt; und aus der Nachkommenschaft des Kronos wird ein neues Göttergeschlecht geboren, das Geschlecht der olympischen Götter, dessen Hauptstammvater Zeus ist.

Die Erdgöttin in der Orphik

Die *Orphischen Hymnen* in der uns vorliegenden Form sind das Liederbuch eines von dem legendären Orpheus sich herleitenden Mystenvereins, der in den ersten Jahrhunderten der römischen Kaiserzeit seinen Sitz in einer Stadt Westkleinasiens gehabt hat. Zahlreiche Gottheiten werden in diesen Liedern angerufen; neben Dionysos werden auch die Große Göttermutter, die Mondgöttin Selene sowie zahlreiche schemenhafte Naturgeistwesen - Nymphen, Nereiden und Satyrn - durch die Macht des Gesanges beschworen, ja selbst die Nacht, die Sterne und der Äther werden angesungen. Wir haben Grund zu der Annahme, dass die Initiation im Sinne der Orphischen Hymnen ein Weg der stufenweisen Natureinweihung gewesen ist, der zur Erkenntnis der Allbeseeltheit und Allbelebtheit des Kosmos hinführte. Hier folgt nun, in ganzer Länge, der Orphische Hymnus an die göttliche Erdenmutter („Ein Rauchopfer von allen Samen außer Bohnen und Gewürzen"):

Göttliche Erde,
Mutter der seligen Geister
Und der sterblichen Menschen,
Allgeberin, Allernährerin,
Erfüllende, Allesverderbende,
Wachstumssprossende, waltend der Früchte,
Prangend im Kreise der Zeiten,
Sitz des unvergänglichen Alls.
Farbig schillernde Jungfrau,
Du trägst in kreißenden Wehen
Die vielgestaltige Frucht;
immerwährende, ewig-reine,
Tiefbusige, Spendrin des Glücks;
Du erfreust mit duftender Saat.
Blumenprangende Gottheit,
Regenfreudige, um die sich rundet

Kunstvoll das Sternenall,
Unvergänglicher Art
Und in reißenden Strömen.
Auf denn, selige Göttin!
Mehre die reichen Früchte der Freude
Gütigen Herzens den Hochbeglückten
In der glücklichen Zeiten Kranz![17]

In diesem Rauchopfer-Hymnus an die Erde wird unser Heimatplanet als „Göttliche Erde", als „Allgeberin", „Allernährein", als „blumenprangende Gottheit" und am Schluss noch einmal als „selige Göttin" bezeichnet. Es gibt in dieser Sammlung noch andere Hymnen, in denen der Erde in ähnlicher Weise gedacht wird. Beispielsweise in der *Anrufung an Zeus* („Ein Rauchopfer von Styrax") heißt es:

Oh König, all dieses erschien durch dein Haupt:
Mutter Erde, die göttliche,
Der Berge ragende Höhen,
Das Meer und was der Himmel
In seinen Wölbungen wirkt.[18]

Noch zwei weitere Male wird „Mutter Erde" genannt, und zwar in der Anrufung *Den Wolken* („Ein Rauchopfer von Myrrhe"): „Sendet fruchtnährenden Regen / auf die Mutter Erde herab". Die Titanen, diese unheimlich-chthonischen Wesenheiten, werden in einem anderen Hymnus als die Kinder des Uranos und der Gaia gefeiert:

Titanen, herrliche Kinder
Des Uranos und der Gaia,
Altvorderen unserer Völker,
Wohnend tief in der Erde.[19]

Als weitere Hymnen der Erdverehrung dürfen diejenigen gelten, die den rätselhaften weiblichen Urgestalten *Rhea* und *Demeter* gewidmet sind. In der Orphischen Hymne an Demeter wird die verehrte Wesenheit so angesprochen:

Göttliche Mutter des Alls,
Deo, vielgerufene Gottheit,
Keusche, männernährende,
Freundliche Geberin Demeter![20]

Rhea, die Göttin, aus der alles fließt (von *rheo*), galt als die Tochter des Uranos und der Gaia - Schwester und zugleich Gemahlin des Kronos und damit Urmutter des Titanengeschlechts. Sie wurde mit der orgiastisch verehrten phrygischen Göttin Kybele, der „Großen Mutter" identifiziert. Von anderer Art jedoch, weniger chthonisch, eher in den höheren Ätherregionen beheimatet, ist die Himmelsmutter. Im Orphischen Liederbuch findet sich ein Hymnus auch an sie. Man dachte sie auf dem Weltenthron sitzend, die Erde als Schemel zu ihren Füßen. Die Verehrung der „Großen Mutter" weist hin auf eine matriarchalische Urreligion Europas, deren kärgliche Restbestände über die Orphik in das eher patriarchalische Griechenland Eingang fanden.

Daneben lassen sich in der Orphik auch Züge einer naturreligiösen Mystik auffinden; die große Naturnähe der Orphik zeigt sich etwa darin, dass den Nymphen und Nereiden, diesen scheuen Quellgeistern und Wassernixen, die nur das hellschauende Menschenauge wahrzunehmen vermag, Hymnen dargebracht werden. Eine ins Gigantische gesteigerte Gestalt ist jedoch die des Naturgottes *Pan*. Der große, der gewaltige Pan! Nicht ein idyllischer Waldgott, nicht ein von den Hirten Arkadiens verehrter Lokalgott ist er hier, sondern - „Herrscher im Weltall", „die Gesamtheit des Alls", ja „wahrer Zeus". Von ihm heißt es:

Pan den starken rufe ich an,
Den Hirtengott, die Gesamtheit des Alls -
Himmel, Meer, Allkönigin Erde
Und das unsterbliche Feuer,
Denn alle sind Glieder des Pan.
Komm, Seliger, Springender, laufend im Kreise,
Der mit den Horen herrscht,
Ziegenfüßiger Gott;

Freund der gottbegeisterten Seelen,
Verzückter, wohnend in Höhlen -
Du spielst die Weltharmonie
Mit scherzendem Flötengesang.[21]

Alles Lebende - Mensch, Erde und Kosmos - ist Teil und Glied des großen Pan. Der Pan ist also das All: der beseelte Weltenraum mit seinen zahllosen, durch die Unendlichkeit wirbelnden Galaxien, seinen Myriaden von bewohnten und unbewohnten Welten. Und ein Teil der ewig klingenden Weltharmonie, die Pan auf seiner Flöte spielt, sind vielleicht auch die Orphischen Hymnen selbst - „zerstückte Glieder des Urgesangs aller Wesen" nannte sie Herder. Das ist Sprache, die aus dem Mythischen schöpft; die Psalmen, die Edda-Dichtungen, die altindischen Vedas atmen verwandten Geist. Aus diesem Geist mag auch Goethe noch seine *Orphischen Urworte* gedichtet haben.

Die Demeter-Mysterien

Die Demeter-Mysterien von Eleusis kann man trotz ihrer lückenlosen Einbindung in die patriarchalische Kultur Griechenlands als die Mysterien der Großen Mutter bezeichnen, wobei die dort verehrte Muttergestalt identisch war mit der Erden-, Todes- und Fruchtbarkeitsgöttin. Aus der Archäologie wissen wir, dass der Ort *Eleusis* (22 km nördlich von Athen, in der Bucht von Salamis gelegen) seit der Jungsteinzeit besiedelt war; erst um 750 v. Chr. wurde er der Polis Athen direkt angegliedert. In den Jahren 1883 bis 1930 hat man durch Ausgrabungen den Tempelbezirk von Eleusis mit seinen riesenhohen Mauern und seinen großen Propyläen-Toren wieder freigelegt, eine wirklich eindrucksvolle Anlage, die fast eher einem Festungsbau als einem Tempel gleicht. Und doch war Eleusis eine Art gesamtgriechischer Wallfahrtsort, zu dem jährlich Tausende pilgerten, um sich in die Mysterien der „Großen Mutter" Demeter einweihen zu lassen.

Einer der Demeter-Geweihten war der unvergleichliche Sänger und Götterdichter Homer. Unter den ihm zugeschriebenen *Homerischen Götterhymnen* befindet sich auch ein Hymnus an Demeter, der uns tiefere Einblicke in die hier angesprochenen Zusammenhänge gewährt. Erzählt werden in dem Hymnus zwei miteinander verquickte Geschichten: der Raub der Persephone durch den Unterweltsgott Hades, und die Errichtung des der Demeter geweihten Mysterienortes in Eleusis.

Üppige Naturschilderungen stehen am Beginn der Geschichte. Die Erdgöttin Gaia lässt die Pflanzen in betörender Pracht aufblühen, als Demeters Tochter *Persephone* – auch *Kore* genannt – nichtsahnend über die Flur streift. Urplötzlich tut sich der Erdboden auf: Unterweltsgott Hades taucht auf und zieht die schreiende Tochter zu sich hinab in die Tiefe. Demeter trauert um den Verlust der vielgeliebten Tochter. Rastlos zieht sie umher, fragt überall nach dem Verbleib der Persephone – bis sie schließlich von dem auf seinem Sonnenwagen einher ziehenden Helios die Auskunft erhält, die Verschwundene sei in der Unterwelt die Gattin des Hades geworden. Daraufhin mied Demeter die Götterversammlung und weilte unerkannt unter den Menschen; in Eleusis angekommen, gab sie sich den dort lebenden Menschen zu erkennen und ließ sich von ihnen einen Weiheort errichten. Sie selbst war es also, die den Bau des Tempels anordnete, indem sie zu den Menschen sprach:

> Doch einen mächtigen Tempel mit einem Altare darunter soll mir das ganze Volk bei Stadt und Mauer errichten über Kallichoros' Quelle auf weitvorspringendem Hügel. Selber lehr ich euch dann, die Weihen zu feiern, damit ihr heilig sie vollzieht und meine Seele besänftigt. (Homer, *Hymnos an Demeter, 270–274)*

Aus Trotz gegen die Götter, die ja den Raub der Persephone gebilligt hatten, ließ Demeter, der Saat und Ernte unterstand, eine gewaltige Hungersnot über das Land hereinbrechen. Der fruchtbringende Same verkümmerte im Boden; umsonst zogen die Ochsen den Pflug. Die Götter, die fürchteten, auf diese Weise um ihren jährlichen Erntedank gebracht zu werden, bemühten sich nun, Demeter umzustimmen. Doch die blieb unbeugsam: Der Hungersnot werde sie erst dann ein Ende machen, wenn sie die geraubte Tochter zurückbekommen habe. So kam es zu Verhandlungen, und schließlich einigte man sich auf einen Vergleich: Persephone sollte fortan ein Drittel des Jahres bei Hades in der Unterwelt bleiben, die restlichen zwei Drittel aber bei Demeter in der Oberwelt zubringen dürfen. Die Göttin willigte ein, und der Erdboden brachte seitdem den Menschen jedes Jahr reichhaltige Ernte.

Aus der Geschichte geht hervor, dass Demeter nicht die Erdgöttin selbst ist, sondern eigentlich nur die fruchtbare Ackerflur, der Humus; weniger der Planet Erde als vielmehr das Element Erde. Aber keine wild-titanische Elementarkraft, keine chaotische Naturkraft stellt sie dar; nicht die Natur im Rohzustand, sondern die gebändigte, gezähmte, durch menschlichen Einsatz in Plan und Ordnung gebrachte Natur. Eine

Fruchtbarkeitsgöttin also, Hüterin des Ackerbaus, in der Hand eine blühende Kornähre tragend: so ersteht das Bild der Göttin Demeter vor unserem geistigen Auge; deutlich wiederzuerkennen im Sternbild der Jungfrau, das im Zyklus der Tierkreiszeichen in der Zeit zwischen dem 24. August und dem 23. September seine Strahlkraft entfaltet. In alter Zeit war dies genau die Zeit der Ernte. Und am 21. September, dem Tag der Herbst-Tagundnachtgleiche, wurden im Kulttempel zu Eleusis alljährlich die Weihespiele zu Ehren der Göttin Demeter aufgeführt.

Heilige Mysterienspiele waren es, deren Sinn uns Heutigen verloren gegangen ist; und selbst unter den Damaligen hatten nur Wenige Zugang zu diesen Spielen. *Dromena* nannte man sie, und sie waren wohl eine Art Theaterspiel - aber kein weltliches Theater, sondern die sinnbildliche Darstellung und Aufführung höheren Weltenwebens, das als bestimmend für das ganze Erden- und Menschheitsschicksal erkannt wurde. Persephone, die im Wechsel der Zeit zwischen Unter- und Oberwelt hin- und herschwingt, verkörpert sinnbildhaft die Abfolge der Jahreszeiten: denn das eine Jahresdrittel, das sie an der Seite des Hades zubringt, ist der karge vegetationsarme Winter - die anderen zwei Drittel des Jahres ist die Zeit der Fruchtbarkeit und der Ernte, Sommer und Herbst. So ist Persephone Herrscherin im Totenreich und Vegetationsgöttin zugleich, wie überhaupt Tod und Leben untrennbar zusammen gehören; sie beschließt in sich das ewige *Stirb und Werde!* wie das von Pluto beherrschte Sinnbild Skorpion im Zyklus der Tierkreiszeichen.

Die Einweihung in die Demeter-Mysterien zu Eleusis war nicht nur ein Erdverehrungskult verbunden mit der Bitte um reichhaltige Ernte, sondern bezweckt wurde durch die Annahme der Weihen vor allem ein besseres Weiterleben nach dem Tode im Jenseits. Die Demeter-Geweihten, auch Homer, hatten nach griechischer Vorstellung ein anderes Schicksal nach dem Tod als die Normalmenschen. In seinem berühmten *Hymnos an Demeter* nennt Homer die Eleusinischen Weihen heilige Bräuche,

> die keiner verraten, verletzen, erforschen darf: denn heilige Scheu vor den Göttern bindet die Stimme. Selig, wer von den irdischen Menschen je sie gesehen! Wer aber unteilhaftig der Weihen, der findet ein andres Schicksal, wenn verblichen er weilt im dumpfigen Dunkel. *(Hymnos an Demeter, 478-482)*

Streng abgeschieden war der Kultbezirk von Eleusis, in dem - geschützt vor dem Zugang der Uneingeweihten - Hymnen erklangen, rhythmische Tänze und Weihespiele aufgeführt wurden. Drei Stufen der Einweihung gab es: 1. den *Neophyten*, den Neuling und Anwärter auf die Weihen; 2. den *Mysten*, das heißt Verschleierten (der streng an die Pflicht der Geheimhaltung gebunden war); und 3. den *Epopten*, den mit der Gabe der Schau Ausgestatteten, den hellsichtig Gewordenen. Weiterhin gab es die Kleinen und die Großen Eleusinischen Mysterien, die zeitlich und örtlich unabhängig voneinander vollzogen wurden: die einen nämlich im Frühjahr, die anderen im Herbst. Unter der Oberfläche der olympischen Götterreligion, die Allgemeingut und auch Volksglaube war, lag die verschleierte Religion der Demeter-Geweihten verborgen, die das Wissen um die Naturgeheimnisse, um den heiligen Jahreslauf, um Saat und Ernte, aber auch um das Fortleben nach dem Tode enthalten haben mag.

Die Großen Mysterien der Demeter fanden um den 21. September statt. Die Neophyten, die bereits im Frühjahr eine Vor-Einweihung empfangen hatten, versammelten sich unter dem sternklaren Nachthimmel; dann zogen sie, von Fackelträgern geleitet, in feierlicher Prozession den 22 km langen Weg von Athen nach Eleusis, welches in schützender Bucht gegenüber der Insel Salamis lag. Bis zu 20.000 Menschen mögen an einem solchen Prozessionszug teilgenommen haben. Im Kultbezirk angekommen, begaben sie sich zu den Mysterienspielen; anschließend erhielten sie die Weihen. Den Geweihten wurde nach Beendigung der Zeremonie eine frischgeschnittene Kornähre, Symbol und Hoheitszeichen der Göttin Demeter, ausgehändigt.

Der Demeter-Kult ist oft mit dem ägyptischen Isis-Kult verglichen worden, und sicherlich sind auch Ähnlichkeiten mit der Verehrung der Großen Muttergottheit auf Kreta und in Kleinasien aufzuweisen. Allenthalben trägt die Demeter-Religion mindestens ebenso viele „ungriechische" Züge in sich wie die Orphik. Ihr Ursprung dürfte aber weniger außerhalb Griechenlands liegen als vielmehr in der vorindogermanischen Ureinwohnerschaft Griechenlands. Die matriarchalische Urreligion der Alteingesessenen, der Pelasger, wurde von der siegreichen Zeus-Religion der Einwanderer überlagert und integriert.

Die altrömische Terra Mater

Die altrömische Religion hatte etwas zutiefst Schlichtes und Bodenständiges an sich; sie war geprägt durch die Verehrung von Erdgottheiten und durch zahlreiche Feiertage eines Bauernkalenders. Als Gott der Saat und der Ernte galt den alten Italikern *Saturnus*. Der Sage nach soll er - von Jupiter aus dem Himmel vertrieben - einst nach Italien gekommen sein und in Latium als König geherrscht haben; unter seiner Herrschaft währte das „Goldene Zeitalter" (*aurea aetas*). Insbesondere war Saturnus - ursprünglich Saeturnus - der Schutzherr des Säens, und nach Beendigung der Herbstsaat feierte man ihm zu Ehren vom 17. bis zum 21. oder 23. Dezember das Fest der Saturnalien mit Festessen, gegenseitigem Beschenken und Befreiung der Sklaven von ihrer gewöhnlichen Arbeit. Die Wachskerzen, die sich regelmäßig unter den Gaben befanden, deuteten auf die nun zu erwartende Zunahme des Sonnenlichtes hin.

War Saturn also der herbstliche Sämann, so unterstand die eingebrachte Ernte einem anderen Naturgott, dem *Consus*. Er war der Gott, der die Feldfrucht in den Scheuern birgt, und man feierte ihn alljährlich am 21. August mit den *Consualia*, einem Erntedankfest mit Pferdewettrennen, die am Altar des Consus – wo später der Circus Maximus erbaut wurde – veranstaltet wurden.

Weitere Naturgötter der altitalischen Religion sind bekannt: Die Blüten und Blumen auf offener Feldflur hegte die Göttin *Flora*, das Obst die heilige *Pomona*. Der gute Geist der Berge und Grotten war *Faunus*, wohl eine Art römischer Pan; seine Priester, die *Luperci* (von *lupus*, der Wolf), liefen – in Bocksfelle gekleidet – um den Palatinischen Hügel, um Menschen, Tieren und Äckern Fruchtbarkeit zu sichern. Der Herr der Wälder und der begrünten Fluren war *Silvanus*; die Herden und ihre Weidegründe hütete *Pales*. Ihr zu Ehren beging man am 21. April das Fest der *Palilia*: Schafe wurden durch Wasser und unblutige Opfer geweiht, Hirten sprangen durch Garben brennenden Strohs wie später beim Johannisfeuer. Der Gott *Liber*, Hüter des Weinbaus und der Weinberge, wurde mit dem griechischen Dionysos-Backchos gleichgesetzt. Seine Festtage waren die *Liberalia* am 21. März, an denen die Jünglinge die *toga virilis*, die traditionelle Männerbekleidung, annahmen.

Diese zahlreichen Feld-, Wald- und Wiesengeister, Saat- und Erntegötter, die den zentralen Inhalt der altrömischen Religion bildeten, waren ja nichts anderes als Naturgeister und Elementarwesen, die von den alten Römern als einem zutiefst naturverbunden lebenden Bauernvolk hellsichtig-imaginativ wahrgenommen werden konnten. Aber auch Schutzgeister des menschlichen Schicksals und Lebensweges kannten die Römer; der *Genius* war der Schutzengel des Menschen, der ihn das ganze Leben hindurch begleitete. Er wurde am Geburtstag des jeweiligen Menschen gefeiert und meist als Schlange dargestellt. Nicht nur der Einzelmensch hatte seinen persönlichen Schutzgeist, sondern auch jedes Geschlecht, jede Stadtgemeinde, jeder Ort: der *genius loci* als das unverwechselbar besondere ätherisch-aurische Strahlungsfeld eines bestimmten Platzes. Die koboldartigen Schutzgeister eines Hauses waren die *Laren* und *Penaten*, die *Manen* hingegen die Geister verstorbener

Menschen. Denn die Römer hatten in ihrer Frühzeit noch einen ausgeprägten Ahnenkult.

In einer von Natur- und Ahnengeistern durchwobenen Welt erschien die personifizierte Erde den Alten Italikern als die *Terra* oder *Tellus Mater*, deren Kult ursprünglich weitverbreitet war, später aber zunehmend zurückgedrängt wurde. Tellus Mater war vor allem die Göttin des Saatfeldes, die den fruchtbringenden Samen in ihren Schoß aufnimmt und sein Wachstum veranlasst. Das Hauptfest der Mutter Erde fiel auf den 15. April nach Beendigung der frühjahrszeitlichen Aussaat, und wegen des dabei dargebrachten Opfers trächtiger Kühe (*fordae boves*) nannte man dieses Fest die *Fordicidia*. Vier Tage darauf, am 19. April, feierte man der *Ceres* als der Fruchtbarkeits-, Wachstums- und Vegetationsgöttin das Ehrenfest der *Ceralia*. Der Name der Ceres hängt zwar eng mit dem lateinischen *crescere* für Wachsen zusammen, die Person der Göttin ist jedoch eindeutig mit der griechischen Demeter gleichzusetzen, deren Kult im Jahre 496 v. Chr. in Rom eingeführt wurde.

Der Ceres-Dienst war nichts anderes als die Fortführung der Demeter-Mysterien auf italischem Boden; an dem Kult der Göttin wurde aber so wenig geändert, dass ihre Priesterinnen auch in Rom Griechinnen sein mussten. Daneben gab es noch einen Kult der *Fauna*, die der Tellus Mater durchaus gleichzusetzen ist: ihr angesehenes Heiligtum zu Rom, dessen Stiftung am 1. Mai gefeiert wurde, lag am Fuß des Aventin; ihr Hauptfest aber begingen die vestalischen Jungfrauen und die vornehmen Bürgerinnen Roms unter Ausschluss aller Männer Anfang Dezember im Hause eines Konsuls oder Prätors durch ein geheimes Opfer.

Auf dem *Ara Pacis*, dem Friedensaltar des Augustus, findet man eine Darstellung der Tellus Mater, die sie als früchtespendende Göttin zeigt, umgeben von den Tieren des Waldes sowie von den Verkörperungen des Wassers und der Luft. Dies alles zeigt, dass auch Rom die Erdgöttin verehrte!

Die Kybele-Mysterien

Die Phrygier verehrten die Mutter Erde in Gestalt der Göttin *Kybele,* einer uralten zentralkleinasiatischen Fruchtbarkeitsgottheit, die oftmals mit Demeter und Rhea verglichen wurde; zweifellos ist sie mit ihrem Kulttier - dem heiligen Stier - eine Erscheinungsform der jungsteinzeitlichen Magna Mater. Der phrygischen Kybele war allerdings von Anfang an ein Kultgenosse beigesellt, Sohn und Liebhaber zugleich, der jugendliche Gott *Attis*: ein göttlicher Sonnenheld, Frühjahrsbringer und Jahrgott, hervorgegangen aus der „Heiligen Hochzeit" zwischen den Wesensmächten Himmel und Erde. Ähnlich galt der ägyptische Götterknabe Horus als Sohn der Isis und des Osiris, und wie Attis war auch er ein Symbol für das neue Jahr und die steigende Sonne. Der Erdgöttin als Verkörperung chthonischer Weiblichkeit steht ein Himmels-, meist auch Regen- und Gewittergott gegenüber, und aus der Vereinigung beider geht ein göttliches Kind hervor, das die Kräfte des Lichts und des Wachstums repräsentiert. Diese Dreiheit steht im Mittelpunkt jahrtausendealter Vegetationsmythen.

Solche Vegetationsmythen und Erdenkulte können gerade in Kleinasien auf eine jahrtausendealte Tradition zurückblicken. Tonstatuetten der Magna Mater finden sich schon in den ältesten neolithischen Siedlungen *Çatal Hüyük* und *Hacilar* in der Konya-Ebene, die bis ins 8. vorchristliche Jahrtausend zurückreichen. Auf einem Tontäfelchen aus der Stadt Karkemisch am oberen Euphrat aus dem 13. Jahrhundert v. Chr. nennt sich der dortige König „Diener der Kubaba, der Herrin von Karkemisch". Die Phrygier, Angehörige eines indogermanischen Stammes, die um 800 v. Chr. aus dem Balkanraum in die anatolische Hochebene einwanderten und dort in der Nachfolge der Hethiter ein Großreich gründeten, verschmolzen den Kult der Göttin Kubaba mit dem ihrer eigenen Muttergottheit, die sie *Matar Kubile* nannten; daraus wurde später im Römertum der Name *Mater Cybele*. Das Zentrum der Kybele-Mysterien muss die phrygische Stadt Pessinous, das heutige Balhisar südwestlich von Ankara, gewesen sein. Dort befand sich auch der Kultstein der Kybele, ein vom Himmel gefallener schwarzer Meteorstein, der nach dem Glauben der Phrygier von der numinosen Kraft der Großen Göttin erfüllt war.

Dass der Mutter Erde ein heiliger Stein zugeordnet wurde, war im Altertum weitverbreitet; solche Steine wurden dann meistens als Orakelsteine verehrt. Ein Beispiel hierfür ist der unter dem Namen *Omphalos* bekannte Kultstein des Orakelzentrums von Delphi, ein kunstvoll behauener Menhir, der im Jahre 1913 bei Ausgrabungen im Tempelbezirk gefunden wurde. In diesen Stein, der als der „Nabel der Welt" galt, war der Name Gaias eingeritzt. Der Weihestein der Magna Mater Cybele wurde bereits im Jahre 204 v. Chr., mitten im Zweiten Punischen Krieg, in feierlicher Prozession von Pessinous nach Rom gebracht und dort auf dem Palatin aufgestellt, und ebendort wurde der „Großen Göttin" aus Phrygien eine eigene Kultstätte errichtet - auf einen Spruch der Sibyllen hin, wonach der fremdländische Eroberer Hannibal erst dann aus Italien weichen werde, wenn Rom der „Göttermutter vom

Berge Ida“ (und eben damit war Kybele gemeint) einen Tempel gestiftet hätte. So ehrte auch Rom die Magna Mater!

Ihr wurden auch Festtage geweiht. Da sie nämlich genau am 4. April 204 v. Chr. nach Rom gebracht wurde, so feierte man eingedenk ihrer Ankunft vom 4. bis zum 10. April ihr zu Ehren Spiele, die *Megalesien.* Es gab Opfer; öffentliche Gastmähler wurden abgehalten, ferner Theateraufführungen und Spiele im Circus Maximus. Im späteren Römischen Weltreich fanden die Kybele-Mysterien weiteste Verbreitung; denn seit ihrem Umzug nach Rom war Kybele keine phrygische Lokalgottheit mehr, sondern vielmehr eine mediterrane Universalgottheit, deren Kult mit dem der Isis, Demeter und Hestia-Vesta zusammenschmolz zu einer einzigen Verehrung des Mütterlich-Weiblichen in Natur, Erde und Kosmos. Ein Gebet zur Erdmutter, an die phrygische Kybele, ist uns aus römischer Zeit überliefert:

> Nahrung des Lebens gibst du in ununterbrochenem Vertrauen, und wenn die Seele entschwindet, in dir finden wir Zuflucht. Was immer du gibst, in dich fällt alles zurück. Mit Recht wirst angerufen, Große Mutter, du der Götter.[22]

Die eigentlichen Kybele-Mysterien gründen sich auf den Mythos vom heiligen Jahreskreis, vom ewigen *Stirb und Werde*; außerdem auf einen ausgeprägten Phallus- (Fruchtbarkeits-) Kult sowie auf einen Baumkult: Überreste einer einstigen Verehrung archaischer Baumgottheiten. Ein sonderbarer Mythos aus urfernen Zeiten erzählt folgende Begebenheit:

Der Göttervater Zeus nahte sich einst der Kybele, um sie, die Schlafende, zu vergewaltigen. Sie erwachte aber und widersetzte sich dem Zeus, der nach erfolglosem Ringen seinen Samen in die Erde ergoss. So ward die Erde also schwanger von Zeus, dem Göttervater, und wo sein Same in den Boden drang, erwuchs ein gewaltiges Ungeheuer: *Agdistis* mit Namen, benannt nach dem Berge Agdos. Es war ein titanisches Zwitterwesen, halb männlich und halb weiblich, aber erfüllt von rasender Zerstörungswut. Die Götter konnten ihn nicht besiegen, machten ihn aber trunken und banden ihn mit seinem männlichen Glied an einen Baum; als er aber, zu neuer Raserei erwacht, von diesem Baume sich befreien wollte, entmannte er sich dabei selbst. Er starb, aber aus seinem Samen, der in die Erde drang, wuchs ein wunderschöner Baum, ein Granatapfel- oder Mandelbaum. In diesem Baum war ein werdender Gott verborgen, Attis, Sohn des Agdistis und der Kybele: Attis also als Erdgeborener und zugleich Baumgott!

Als Nana, Tochter des Königs Sangarios, unter diesem Mandelbaum einherging, fiel ihr von dort ein Apfel in den Schoß; davon ward sie schwanger und gebar einen wunderschönen Knaben, nämlich eben den Attis, der von da an als Hirte in den Bergen lebte. Kybele begehrte den Attis und nahm ihn zu sich als Liebhaber. Als Attis aber, der Sohn und Liebhaber zugleich, eine andere Frau ehelichen wollte, da schlug ihn die eifersüchtige Kybele mit Wahnsinn; von Raserei ergriffen, entmannte er sich selbst unter einem Pinienbaum, und aus seinem in die Erde gefallenen Samen wuchsen unbeschreiblich schöne Blumen, Veilchen. In ihnen lebt Attis weiter, ein metamorphosenreicher Naturgott, der vom Baum zum Menschen und vom Menschen zur Pflanze wird; der ewig stirbt und ewig durch Neugeburt aufersteht.

Die Priester der Kybele, die sich Korybanten nannten, pflegten sich im religiösen Enthusiasmus selbst zu entmannen; sie brachten der Magna Mater das Opfer ihrer Geschlechtskraft dar. In der Gestalt der Kybele kommen in der Tat auch die dämonischen Aspekte des Mutter-Archetyps zum Ausdruck: die „Große Göttin" als die Alles Verschlingende, Zerstörende, Tötende. Sie erinnert darum auch etwas an die indische *Kali-Yug* sowie an die aztekische Erdgöttin *Coatlicue*, deren monumentales Bildnis 1824 auf dem Zocola, dem Kathedralenplatz von Mexiko City, ausgegraben wurde. Es zeigt eine furchterregende, von Schlangenleibern durchwobene Gestalt, die mit einem Kranz von menschlichen Herzen und Totenschädeln umgürtet war. Kybeles besitzergreifende Liebe zu Attis, ihre Eifersucht und Zerstörungswut sind Eigenschaften, die kontrastreich ihrer Fruchtbarkeit, Erneuerungskraft und Gebärfähigkeit entgegenstehen.

In Kybele vereinen sich Lebenskräfte und Todeskräfte, lichte und dunkle Aspekte, ja sie ist gleichsam „jenseits von Gut und Böse" wie die ewig schaffende und zerstörende Natur selbst. In den Mysterien der Kybele, geheimen Einweihungen an verborgenen unterirdischen Orten, konnte der Myste in der Begegnung mit den dunkel-dämonischen Aspekten der Urmutter die Sphäre der Raum-Zeit-Welt überschreiten und ein höheres transzendentes Bewusstsein erlangen.

Der Kult der Göttin Nerthus

Die Gottheiten der Indogermanen sind hinreichend bekannt: Wer kennt sie nicht, die kraftvollen Heldengestalten der griechischen Zeus-Religion oder der germanischen Edda-Religion, ja selbst die dunklen Rätselfiguren der keltischen Mythologie, die in walisischen und irischen Sagen sowie in der König-Artus-Geschichte weiterleben. Ja, die Götter der Kelten und Germanen leben auch heute noch weiter, und wenn nicht als Götter, so doch zumindest als Archetypen. Denn unsere christlich-humanistisch geprägte Identität, unser rationales Selbstverständnis, das wir uns als moderne Europäer erworben haben, das ist im Grunde genommen nur eine unendlich dünne Oberflächen-Schicht unserer Seele, unter der die eigentlichen Quellen unserer Identität verborgen liegen. Und es gibt im Leben des Einzelnen wie auch im Leben ganzer Völker immer wieder Phasen, in denen man alte verschüttete Identitätsschichten wachrufen will, zu den heiligen Ursprüngen zurückkehren will; denn der Ursprung ist in uns, und der Ursprung kann jederzeit wieder Gegenwart werden.

Nicht darum geht es etwa, rein regressiv frühere Stadien der Entwicklung wiederherstellen zu wollen, sondern darum geht es, im Hier und Jetzt der Gegenwart aus der Kraft des Ursprungs Neues zu schaffen. Zu den am meisten vergessenen oder verdrängten Identitätsschichten Europas zählt zweifellos das Germanentum. Und nachdem wir in den vorangegangenen Kapiteln gesehen haben, wie die geistige Wesenheit der Erde sich in den Religionen Altindiens, Griechenlands und des südlichen Mittelmeerraums offenbart hat, so wollen wir nun einen Streifzug durch den nordeuropäischen, keltisch-germanischen und finnischen Raum unternehmen: *Mutter Erde in der nordeuropäischen Mythologie.*

Was für die Germanen zunächst charakteristisch ist, das ist ihre tiefe, man möchte geradezu sagen: religiöse Naturverbundenheit. Diesbezüglich bemerkte schon der römische Geschichtsschreiber Tacitus (56–120 n. Chr.): „Übrigens glauben die Germanen, dass es mit der Hoheit der Himmlischen unvereinbar sei, Götter in Wände einzuschließen und sie irgendwie menschlichem Gesichtsausdruck anzupassen: sie weihen Lichtungen und Haine und geben die Namen von Göttern jener weltentrückten Macht, die sie allein in frommem Erschauern erleben."[23]

„Die Verehrung der mütterlichen Erde ist auch unter den Germanen nachweisbar. Himmel und Erde scheinen überhaupt das älteste Götterpaar aller Mythologien zu sein."[24] – So schreibt W. Golther in seinem *Handbuch der germanischen Mythologie* (1908). Im Norden hieß die Erde einfach *Jord*; als ihr Gemahl wurde in späterer Zeit Odin angesehen, der Sohn der Jord war Thor. Wir kennen jedoch noch eine andere bei den Germanen gebräuchliche Bezeichnung für die göttliche Erdenmutter, nämlich *Fjörgyn*. Jord und Fjörgyn sind eins. Zuweilen wird Thor auch als der Sohn der Fjörgyn bezeichnet. Und wie in der Theogonie Hesiods wird es auch hier so gesehen, dass aus der Heiligen Ehe zwischen dem Himmelsvater und der Erdenmutter - dem Urgötterpaar im eigentlichen Sinne - der Stammbaum aller Weltwesen einschließlich des Menschen hervorgegangen ist.

Dass die Germanen einen regelrechten Kult der Mutter Erde versahen, der etwa dem griechischen Demeter-Kult vergleichbar wäre, auch dies berichtet uns Tacitus. Als er sich über einige nordgermanische Völker auslässt, bemerkt er: (*Germania*, Kapitel 40): „Bei den einzelnen Stämmen ist nichts Besonderes zu vermerken, außer dass sie gemeinsam die Nerthus - das ist die Mutter Erde - verehren und glauben, sie nehme am Leben der Menschen teil und komme zu den Stämmen gefahren."[25]

Nerthus ist eine weitere Bezeichnung für die germanische Erdgöttin, wobei unklar bleibt, wie dieser Name sich herleitet. Ist sie etwa die Gattin des urnordischen Fruchtbarkeitsgottes *Njörd*? Oder ist sie vielleicht identisch mit Hertha oder Irtha? Tacitus jedenfalls identifiziert die rätselhafte nordische Gottheit mit der - auch den Römern wohlbekannten - altitalischen *Terra Mater* (oder *Tellus Mater*), der Mutter Erde.

Der Nerthus-Kult bei den Nordgermanen muss ein geheimer Ritus gewesen sein, dessen Ausübung nur Priestern und Eingeweihten vorbehalten blieb. Wenn es gelingen sollte, Ähnlichkeiten zum kleinasiatischen Kybele-Kult sowie zu den Mysterien von Eleusis aufzudecken, so wäre der Nachweis einer kulturübergreifenden Erdverehrungs-Religion der antiken Völker erbracht.

Tacitus beschreibt den Nerthus-Kult unserer Vorfahren folgendermaßen: „Auf einer Insel im Ozean steht ein heiliger Hain, und in ihm befindet sich, mit einem Tuche zugedeckt, ein geweihter Wagen; nur der Priester darf ihn berühren. Er merkt es, wenn sich die Göttin in dem Heiligtum eingefunden hat, und geleitet sie unter vielen Ehrenbezeugungen, wenn sie - von Kühen gezogen - durch das Land führt. Dann gibt es Freudentage, und festlich geschmückt sind alle Stätten, die die Göttin ihres Besuches und ihres Aufenthaltes würdigt. Man zieht dann nicht in den Krieg, ergreift die Waffen nicht, sicher verwahrt liegt alles Eisen. Frieden und Ruhe kennt und liebt man freilich nur dann und nur so lange, bis derselbe Priester die Göttin, die ihres Umgangs mit den Sterblichen müde geworden ist, ihrem heiligen Bezirk wieder zurückgibt. Dann werden Wagen und Decke und, wenn man dem Glauben schenken will, die Göttin selbst in einem versteckt gelegenen See abgewaschen. Hilfsdienste leisten dabei Sklaven, die alsbald derselbe See verschlingt. Ein geheimer Schauder umgibt daher den Brauch und eine heilige Scheu, zu erkunden, was das wohl sein mag, was nur Todgeweihte zu Gesicht bekommen."[26]

Wahrscheinlich handelte es sich um eine feierliche Frühjahrsprozession der Gottheit über Land, wodurch - wie man glaubte - die Natur sich wieder belebt; die phrygische Göttin Kybele hatte einen ähnlichen alljährlichen Umzug mit anschließender ritueller Waschung. Von Bedeutung ist weiterhin auch, dass während der Zeit des Umzugs die Waffen schweigen müssen: die Erdgöttin ist immer zugleich auch die Friedensgöttin, und ihr Kult ist die Verehrung allen Lebens überhaupt. Auch die Orphischen Hymnen sagten von Demeter, sie sei „erfreut von den Werken des Friedens". Grausam und archaisch mutet jedoch Tacitus' Anspielung auf die Sitte des Menschenopfers an: dass die Sklaven nach der Waschung des Götterstandbildes in dem verborgenen See ertränkt wurden. Dies lässt erahnen, wie undurchdringlich dicht die Mauern der Geheimhaltung gewesen sein müssen, die den Kult um die heilige Erdgöttin Nerthus umgaben und von allen Außenstehenden abgeschirmt haben.

Wo mag der heilige Hain der Nerthus sich befunden haben? Wir wissen es nicht. Die „Insel im Ozean", von der Tacitus spricht, mag in der Nordsee oder genauso gut in der Ostsee gelegen haben. Man hatte zeitweilig Rügen oder Seeland vermutet, doch einerlei: auf alle Fälle muss sich dort ein nordisches Mysterienzentrum befunden haben, das wohl eine ähnlich überregionale Bedeutung hatte wie in Griechenland etwa das Zeus-Orakel von Olympia oder die Kultstätten von Eleusis und Samothrake.

Dass der Mutter-Erde-Kult der Germanen noch lange Zeit währte, beweist der folgende angelsächsische Flursegen; obgleich schon aus christlicher Zeit stammend, trägt er noch ganz den alten heidnisch-germanischen Geist in sich. Beim Beginn des Pflügens wurden Himmel und Erde als Gottheiten angerufen; der Ackerbau unterstand dem Schutz höherer Mächte und galt gleichsam als sakrale Handlung. Eindrucksvoll steht am Beginn die dreifache Anrufung *Erke, Erke, Erke* – offensichtlich ein Synonym für die Mutter Erde:

Die Erde bitt ich und den Oberhimmel:
Erke, Erke, Erke, der Erde Mutter!
Es gönne dir der Allwaltende
Äcker, wachsend und aufsprießend,
Voll schwellend und kräftig treibend
Und der breiten Gerste Früchte
Und des weißen Weizens Früchte
Und aller Erden Früchte!
Heil sei dir, Erdmutter, der Irdischen Mutter!
Sei du grünend in des Gottes Umarmung
Mit Frucht gefüllt, den Irdischen zu Frommen.[27]

Ostara – Göttin der Morgenröte

Als alljährlich wiederkehrendes Frühjahrs- und Fruchtbarkeitsfest steht Ostern in Verbindung mit den naturhaft-kosmischen Rhythmen des Jahreslaufes. Ostern, Fassnacht und der als „Walpurgisnacht" bekannte Vorabend des 1. Mai waren einstmals heilige Jahresfeste, mit denen die Völker Europas das Kommen des lang ersehnten Frühlings begingen: die Auferstehung der Natur nach Monaten des Winterschlafes und der Kälte, das Hervorbrechen neuen fruchtbringenden Lebens aus den Erdentiefen!

Aber seit fast 2000 Jahren gilt Ostern als ein christliches Fest! Mehr noch als Weihnachten oder Pfingsten steht es im Mittelpunkt des kirchlichen Kultes. Die Auferstehung im Naturhaft-Kosmischen wurde allerdings nur noch als Sinnbild genommen für das – an sich von aller Natur losgelöste – Auferstehungsereignis der christlichen Heilslehre. Ostern ist in der Tat das älteste und ursprünglich das einzige Kultfest des Christentums. Schon in apostolischer Zeit beging die Kirche während des jüdischen Passah das zeitlich damit zusammenhängende Gedächtnis des Leidens, Sterbens und der Auferstehung Christi. Daraus haben sich die Trauerfeier der Karwoche und die Freudenfeier des Ostertages entwickelt. In der Osternacht, der Nacht vom Karsamstag auf den Ostersonntag, wurde im Urchristentum auch die einzige große Tauffeier des Jahres abgehalten, das die Auferstehung des Täuflings zu neuem Leben symbolisieren sollte.

Seit der ausgehenden Antike feiert man Ostern am Sonntag nach dem Vollmond, der auf die Frühjahrs-Tagundnachtgleiche folgt. Der Vollmond nach Frühjahrsbeginn deckt sich mit dem jüdischen Passah-Termin des 14. Nisan, an dem nach kultischem Brauch ein Lamm – das spätere Osterlamm – oder eine junge Ziege geopfert und am Abend im Familienkreise zusammen mit ungesäuerten Broten und bitteren Kräutern verzehrt wurde. Einen frühjahrszeitlichen Vegetationskult zu Ehren der auferstandenen Natur können wir im jüdischen

Passah-Fest allerdings nicht sehen. Das Wort *passah*, hebräisch *pesach*, bedeutet nach 2. Mose 12 /13 so viel wie „schonendes Vorübergehen". Als Gegenstand des Festes betrachtet die jüdische Überlieferung die Geschehnisse beim Auszug Israels aus Ägypten, wo Jahwe alle Erstgeburt der Ägypter schlägt, aber an den Häusern der Israeliten „schonend vorübergeht", weil deren Türpfosten mit dem Blut der geschlachteten Opfertiere bestrichen sind (2. Mose 12). Im Jahre 622 v. Chr. wurde der Ritus des Passah-Festes, bis dahin nur in Familien üblich, erstmals öffentlich im Jerusalemer Tempel vollzogen.

In der frühen Kirche des Urchristentums war freilich der Ostertermin lange Zeit nicht einheitlich geregelt. Da gab es einerseits den größeren Teil der Christenheit, der unter Führung Roms die Auferstehung Christi stets am Sonntag feierte, während man andererseits in Kleinasien das Osterfest immer am 3. Tage nach dem Frühlingsvollmond beging, einerlei ob dieser nun ein Sonntag war oder nicht. Der darüber im 2. Jahrhundert zwischen Rom und Kleinasien entbrannte Osterfeststreit verlief ergebnislos; erst das Konzil von Nizäa im Jahre 325 n. Chr. brachte die heutige Regel als einheitliche Vorschrift für die ganze Christenheit. Die terminliche Bestimmung des Osterfestes wurde damit endgültig von der jüdischen Passah-Berechnung gelöst und der Kirche von Alexandria übertragen.

Die Bischöfe von Alexandria pflegten schon seit dem 3. Jahrhundert diesen Termin durch sogenannte Osterfestbriefe bekannt zu geben. Als Grundlage der Berechnung diente ihnen ein 19-jähriger Zyklus, nach dessen Ablauf die Daten der Ostersonntage sich wiederholen, da sich die Sonnen- und die Mondbahn alle 19 Jahre schneiden. Nach der alexandrinischen Berechnung, die auch heute noch gilt, muss sich das Osterfest immer zwischen dem 22. 3. als dem frühestmöglichen Termin (zuletzt 1818) und dem 25. 4. als dem spätesten Termin (zuletzt 1943) bewegen.

Von großer Bedeutung ist nicht nur der Termin, sondern auch der Name des Osterfestes. Das kirchenlateinische *pascha* [*paska*] knüpft direkt an das hebräische *pesach* an, also an das jüdische Passah-Fest, und alle europäischen Hochsprachen – mit Ausnahme des Englischen und des Deutschen – halten sich an dieses Vorbild: etwa das französische *Paques*, das italienische und spanische *Pascua*, das niederländische *Pasen*, das dänische *Paaske* und das schwedische *Pask*. Selbst Ulfilas, der erste gotische Bibelübersetzer, setzt für Ostern *paska*; allein im Deutschen finden wir die Wortbildung „Ostern" vor, die dem englischen Eastern ähnelt. Den April benennen wir noch heute Ostermonat, und schon im Althochdeutschen findet sich die Bezeichnung *ostarmanoth* für den Monat, in dem das wichtigste und hauptsächliche Fest der Christen stattfindet.

In den frühesten althochdeutschen Sprachdenkmälern begegnen wir auch dem Namen *ostara*, meistenteils in dieser Pluralform, weil zwei Ostertage gefeiert wurden (*ostartaga, aostartaga*). „Dieses Ostara", schreibt Jakob Grimm in seiner *Deutschen Mythologie* (1838), „muss gleich dem angelsächsischen Eastre ein höheres Wesen des Heidenthums bezeichnet haben, dessen Dienst so feste Wurzeln geschlagen hatte, dass die Bekehrer den Namen duldeten und auf eins der höchsten christlichen Jahresfeste anwandten."[28] Den einzigen Hinweis auf die Existenz einer Frühjahrs- und Fruchtbarkeitsgöttin namens *Ostara* verdanken wir dem angelsächsischen Mönch Beda Venerabilis (672–735). Dieser weist in seiner Schrift *De temporum ratione* (Cap.13) darauf hin, dass der Name des Monats April – *Eosturmonath* – sich auf eine von den Heiden verehrte Göttin namens *Eostra* herleite: *Antiqui Anglorum populi – gens mea – apud eos Aprilis Esturmonath, qui nunc paschalis mensis interpretatur, quondam a dea illorum, quae Eostra vocabatur, et cui in illo festa celebrantur, nomen habuit.*[29]

Diese von Beda Venerabilis erwähnte angelsächsische Göttin *Eostra* mag auch im germanischen Kulturraum Mitteleuropas eine Entsprechung gehabt haben; bei den Nordgermanen allerdings konnte ein Kult der Ostara nie nachgewiesen werden, und die isländische Edda-Sammlung erwähnt ihren Namen an keiner Stelle.

Auf Grund der vergleichenden Sprachwissenschaft steht jedenfalls fest, dass das althochdeutsche *ostar* mit dem altindischen *usra* gleichermaßen urverwandt ist wie mit dem griechischen *eos* und dem lateinischen *aurora*, das sowohl die Himmelsrichtung Osten als auch die Morgenröte bezeichnet. Deshalb fügt Jakob Grimm der Bedeutung der Göttin Ostara noch einen weiteren Inhalt hinzu: „Ostara, Eastre mag also Gottheit des strahlenden Morgens, des aufsteigenden Lichts gewesen sein, eine freudige, heilbringende Erscheinung, deren Begriff für das Auferstehungsfest des christlichen Gottes verwandt werden konnte."[30]

Auch die Sitte, am Abend des Karsamstag oder des Ostersonntag auf freier Feldflur Osterfeuer anzuzünden, verweist auf Ostara als Lichtbringerin. Das Licht aber kommt von Osten, denn dort geht die Sonne auf.

Die ursprüngliche Göttin des Sonnenaufgangs und der Morgenröte, die Lichtbringerin Aurora, bei den Griechen Eos genannt, mag vielleicht das unmittelbare Vorbild der Frühjahrsgöttin Ostara dargestellt haben. Vor allem die angelsächsische Göttin *Eostra* gemahnt allein schon dem Wortklang nach sehr an die griechische *Eos*, die von Homer an vielen Stellen seines Werkes gepriesen wird („als nun Eos mit rosigen Fingern am Morgen emporstieg" ist bei Homer ein häufiges Gleichnis für das Frührot des anbrechenden Tages). Es besteht ein Wort- und Sinnzusammenhang zwischen Ostara, Ostern und Osten wie auch zwischen Eostra, Eos, Aurora und *Ushas*, der altindischen Göttin der Morgenröte, der im Rigveda folgender Hymnus dargebracht wird:

In Majestät aufstrahlt die Morgenröte,
Weißglänzend wie der Wasser Silberwogen.
Sie macht die Pfade schön und leicht zu wandeln
Und ist so mild und gut und reich an Gaben.

Ja, du bist gut, du leuchtest weit, zum Himmel
Sind deines Lichtes Strahlen aufgeflogen.
Du schmückst dich und prangst mit deinem Busen
Und strahlst voll Hoheit, Göttin der Morgenröte.

Es führt dich ein Gespann von roten Kühen,
Du Sel'ge, die du weit und breit dich ausdehnst.
Sie scheucht die Feinde, wie ein Held mit Schleudern,
Und schlägt das Dunkel wie ein Wagenkämpfer.

Bequeme Pfade hast du selbst auf Bergen
Und schreitest, selbsterleuchtend, durch die Wolken.
So bring uns, Hohe, denn auf breiten Bahnen
Gedeihn und Reichtum, Göttin Morgenröte.

Ja, bring' uns doch, die du mit deinen Rindern
Das Beste führest, Reichtum nach Gefallen!
Ja, Himmelstochter, die du dich als Göttin
Beim Morgensegen noch so mild gezeigt hast.

Die Vögel haben sich bereits erhoben,
Und auch die Männer, die beim Frühlicht speisen.
Doch bringst du auch den Sterblichen viel Schönes,
Der dich daheim ehrt, Göttin Morgenröte![31]

Aus Ortsnamen und aus neuerem deutschen Volksbrauchtum hat man den Kult der Göttin Ostara nachträglich wiederzugewinnen versucht. Nach Angaben des *Handwörterbuch des Deutschen Aberglaubens* Bd. 6 (Stichwort „Ostara") soll sich dieser Kult über ganz Niedersachsen, Westfalen und Niederhessen, wahrscheinlich aber auch über Friesland, Jütland und Seeland erstreckt haben. In Westfalen wurden ihr Schweineopfer dargebracht; in Niederdeutschland wurden ihr angeblich Maibäume errichtet und Maiblumen geopfert. Die Sitte in Hessen, am 2. Ostersonntag Blumensträuße in eine Höhle zu tragen und dann kühles Wasser zu schöpfen, gilt als ein Rest des Ostara-Kultes. Die Birke wird als der heilige Baum der Ostara genannt, der Hase als ihr geheiligtes Tier; und die Opferbrote, die ihr mit anderen unblutigen Opfern - vor allem Blumenkränzen - dargebracht wurden, fanden ihre Fortsetzung in der späteren Sitte der Osterbrote und des Ostergebäcks.

Äußerlich wird Ostara beschrieben als ein sich leicht fortbewegendes, in ein goldschimmerndes Gewand gehülltes Wesen, vielleicht aus dem Meere aufsteigend, mit gelben Schuhen angetan; jeden Morgen weckt sie alle lebenden Wesen aus ihrem Schlummer und naht sich den Häusern der Sterblichen mit ihren schimmernden Schätzen. Zarte Keime brechen aus ihren Spuren hervor, wenn sie über die Erde dahinwandelt. Schwalben umfliegen jauchzend die über Land gehende Göttin, die - ein Veilchenkranz auf dem Haupt - mit beiden Händen die Blumen des Frühlings ausstreut: Schlüsselblumen, Dotterblumen, Narzissen, Krokus und Windröschen. Als Herrin der blühenden Vegetation ähnelt Ostara der römischen Blumengöttin *Flora*, aber auch anderen in Rom verehrten Göttinnen wie *Fauna*, *Ceres* und *Tellus Mater*, die - allesamt Erscheinungsformen der indoeuropäischen Erdgöttin - mit der grünenden Feldflur im Frühjahr verbunden wurden.

In der mythologischen Forschung blieb die Göttin Ostara bis heute umstritten; die überskeptische Gelehrsamkeit des 19. Jahrhunderts wollte in ihr nur eine Konstruktion Jakob Grimms sehen, die jeder realen historischen Grundlage entbehre. Mit Sicherheit war Ostara keine gemeingermanische Göttin, sondern eine Lokalgottheit, deren Kult sich auf die Germanen Nord- und Mitteldeutschlands und auf die Angelsachsen Englands beschränkte; im Norden Europas blieb sie indes eine Unbekannte. Daher kommt es auch, dass selbst die skandinavischen Sprachen, wie eigentlich alle Sprachen Europas, Ostern nach dem jüdischen Passah-Fest benennen. Allein in dem deutschen Wort „Ostern" hat sich - wie im englischen „Eastern" - das Andenken an jene altdeutsche Frühjahrsgöttin bewahrt, der zu Ehren man in den Tagen nach der Frühjahrs-Tagundnachtgleiche überall im Land heilige Freudenfeuer anzündete. Der Kult allerdings, der sich um den „Osterhasen" und seine bemalten Eier rankt, lässt sich in Deutschland frühestens für das 17. Jahrhundert nachweisen.

Die keltische Brighid

In der keltischen Göttermythologie spielt die Mutter Erde eine entscheidende Rolle, wie überhaupt die Kelten den chthonischen Mächten - den Unterirdischen, den Mächten der Tiefe - zutiefst ergeben waren. Bei den Kelten handelt es sich um ein indogermanisches Kulturvolk, das seit dem Beginn der Eisenzeit (um 800 v. Chr.) einen Siedlungsraum bewohnte, der sich von den Britischen Inseln über West- und Mitteleuropa bis in den unteren Donauraum erstreckte. Heute sind es nur noch Randregionen in Europa, in denen in Kultur und Sprache das keltische Erbe zum Ausdruck kommt: die Bretagne, Wales, Cornwall und Teile von Irland.

Wir betrachten hier *Brighid* oder *Brigitte,* die Weltenmutter und Hüterin der Erde, die keltische Isis. Sie gehört zu den

Angehörigen einer machtvollen Göttersippe, der Sippe der *Thuata de Danaan.* Die Göttin Brigitte war ursprünglich *Brigantia,* die Schutzpatronin und Stammesgottheit eines im Norden Britanniens wohnenden keltischen Volkes, der Briganten. Als „heilige Brigitte" erfreut sie sich selbst heute noch überall im keltischen Sprachraum größter Beliebtheit. Voll und ganz in die katholische Religion integriert, eine Heilige mit Heilkräften und Schutzherrin der Tierzucht, stellt sie die christliche Nachbildung einer ursprünglich heidnischen Gottheit dar. In der altirischen Götterwelt war Brighid die Tochter des großen *Dagda* (er entspricht dem griechischen Zeus, dem Göttervater), und als Domänen wurden ihr so unterschiedliche Gebiete wie die Heilkunst, das Schmiedehandwerk, aber auch die Dichtkunst und die mit ihr verwandte Wahrsagerei und Seherkunst zugeschrieben.

Ein keltisches Jahresfest, das *Imbolc* heißt und am 1. Februar begangen wird, ist dieser geheimnisvollen Göttin gewidmet, zu deren Ehre überall im Land „reinigende Feuer" angezündet werden. Imbolc ist vor allem auch der Beginn der Frühjahrsperiode. Es dürfte daher richtig sein, in Brighid eine Fruchtbarkeits- und Vegetationsgöttin zu sehen, die mit den Frühjahrskräften verbunden ist; und wenn man Brighid als die keltische Isis bezeichnet, so könnte man sie genauso gut die keltische Demeter, Persephone, Gaia nennen, ja in gewisser Weise selbst die keltische Pallas Athene, denn Brighid ist auch eine Art irische Nationalgöttin. Aber in erster Linie ist sie die Verkörperung der planetarischen Intelligenz der Erde, des Geistes, der im Planetenkörper der Erde seine Wohnstätte hat. Dieser Geist der Erde ist etwas Göttlich-Weibliches. Man kann ihn auch als Kybele, Terra Mater oder Magna Mater bezeichnen. Und es gab in ältester Zeit in fast allen Kulturen eben auch „Mysterien der Erde", das heißt geheime Kulte und Weihehandlungen, in denen sich diese Erdengeistigkeit den Menschen offenbart hat. Man könnte die Frage stellen: Gab es auch keltische Erd-Mysterien?

Mysterien sind natürlich immer etwas streng Geheimes gewesen; deshalb ist diese Frage schwer zu beantworten. Auf jeden Fall gab es, in der einen oder anderen Form, keltische Natur- und Erdverehrung, die unter anderem im Baumkult sowie in der Verehrung heiliger Quellen und Flüsse zum Ausdruck kam. Hierüber schreibt John Sharkey in seiner hervorragenden, auch in Deutsch erschienenen Studie:

„Der Fluss oder Strom ist lebendiger Ausdruck der Erdmutter, aber dies allein macht das Gewässer noch nicht heilig. Erst eine besondere Verbindung verschiedener mineralischer, pflanzlicher und ätherischer Eigenschaften, die gewissen Quellen zu ganz bestimmten Zeiten des Tages oder der Mondphase entströmen, lässt die regenerativen Kräfte entstehen. Jeder heilige Ort hatte seinen Schutzgeist, der ihn hütete, die täglichen Rituale mit angemessener Feierlichkeit überwachte und die Gestalt einer Katze, eines Vogels oder Fisches annehmen konnte (....). Solche Stätten waren Öffnungen des Schoßes der Erdmutter, die unter verschiedenen Namen und unter unterschiedlichen Erscheinungsformen angerufen wurde. Die als Triade dargestellte Mutter ist ein immer wiederkehrendes Motiv in keltischer Kunst und Literatur: sie trägt Säuglinge, Füllhörner und Körbe mit Früchten."[32]

Mag jeder Ort seine eigene „Seele" haben – die Seele der Erde aber bleibt weiterhin Brighid, die Magna Mater unter den Göttern; denn die Erde ist ja selbst eine Göttin, deren materielle Planetenkörpergestalt in äonenlangem Weltwerden durch den schöpferischen Eingriff der Geistigen Hierarchien geformt wurde. Dies wurde auch von den frühen indogermanischen Kulturvölkern hellschauend geahnt, die im Wirken der Geistigen Hierarchien die Taten von „Göttern" zu sehen glaubten.

Mutter Erde im Kalevala-Epos

Voller Zaubergestalten ist die baltisch-finnisch-nord-eurasische Sagenwelt, wie sie im *Kalevala*-Epos, einem monumentalen Dichtwerk in 50 Gesängen (*runo* oder Runen) mit mehr als 20.000 Versen, Gestalt angenommen hat. Heute gilt das Kalevala als das Nationalepos der Finnen. Sein Liedgut beruht auf einer jahrhundertealten Bardentradition des mündlichen Vortrags; erst im 18. Jahrhundert begann man die von karelischen Runensängern rezitierten Verse - durch Stabreim gebundene Trochäen - zu sammeln und aufzuzeichnen. In traumhaften Bildern berichtet uns das Kalevala von den Nachkömmlingen des Riesen *Kaleva,* den *Kaleviden* (Finnen), und ihrem Ringen mit dem Volk des Nordlandes *Pohjola* (den Lappen), wobei der Streit um das Wunderding Sampo im Mittelpunkt des Geschehens steht; Hauptpersonen sind der zaubermächtige Sänger *Väinämöinen,* der Wunderschmied *Ilmarinen* und der munter-leichtsinnige *Lemminkäinen.*

In Väinmöinen, eine Art finnischer Orpheus, dem Erfinder der Kantele (ein zitherähnliches Instrument), offenbart sich die Macht des Gesanges als Zaubermacht, ja es ist überhaupt eine Welt der Magie und des Schamanismus, die uns im Kalevala-Liedgut entgegentritt. Bannsprüche, Beschwörungsformeln, Jagdzauber, Saat- und Erntebräuche sowie die Anrufung von Naturgeistern und heidnischen Gottheiten, das ist das aus uralter Volksüberlieferung hervorgegangene Material, das aller kalevalischen Dichtung zugrunde liegt. Die finnische Glaubensweise und Göttermythologie ist übrigens mit dem sibirischen Schamanismus verwandt, da die Sprache der Finnen nicht der indogermanischen Sprachenfamilie, sondern der Gruppe der ural-altaischen Sprachen angehört.

Das Kalevala als Volkstradition besteht aus einer bestimmten Anzahl mythologischer Zyklen, die - vielfach abgeändert - in tausendfältigen Variationen vorliegen; die endgültige Fassung des Kalevala ist jedoch die von *Elias Lönnrot* (1802–1884). Lönnrot, ein unermüdlicher Sammler von Liedtexten, gehörte der Generation der Romantiker an, und sein Werk ist durchaus vergleichbar mit dem der Gebrüder Grimm. 1849 hat er die Urfassung des Kalevala herausgegeben, ein Dokument finnischen Volksglaubens - Lieder aus Ingermanland, Bottnien und Karelien, abgelauscht dem Vortrag der Bauernsänger und Dorfältesten.

Die Polarität von Himmel und Erde wurde in der altfinnischen Mythologie durch das Götterpaar *Ukko* und *Akka* ausgedrückt. Ukko ist der altfinnische Wetter- und insbesondere Donnergott; von ihm wird gesagt, dass er über die Wolken gebiete. Mehrere Berichte über frühjahrszeitliche Ukko-Feste sind uns vom 16. bis 19. Jahrhundert überliefert. In großen, aus Birkenrinde gefertigten Opferscheffeln wurden dem Himmelsgott für das Gedeihen der Frucht Speisen und berauschende Getränke, Opferbier, dargebracht. Darauf beziehen sich die folgenden Worte aus dem gereimten Abgötterverzeichnis des finnischen Reformators Mikael Agrikola: „Und als die Frühjahrssaat ausgesät wurde, da wurde Ukkos Minne getrunken. Dahin holte man den Scheffel Ukkos. So betranken sich Jungfrau und Frau. Dann wurde viel Schändliches dort getrieben, was sowohl gehört als gesehen wurde..."[33] Als

„Ackermutter, Erdenherrin", auch als „Erdenalte" (*akka manteren*) wurde in zahlreichen Aussaatsprüchen die personifizierte Erde angerufen. Eine solche Aussaat-Beschwörung, die Lönnrot vermutlich in Weißmeerkarelien gefunden hat, findet sich auch in der II. Rune des Kalevala-Epos:

Alte unter dieser Erde,
Ackermutter, Erdenherrin!
Bring die Blüte jetzt zum Treiben,
Fetten Boden bring zum Sprießen;
Denn es fehlt an Kraft der Krume
Nie im langen Lauf der Zeiten,
Wenn die Geberinnen Gnade,
Huld die Schöpfungstöchter schenken.
Erde, stehe auf vom Schlafe,
Von dem Schlummer, Flur des Schöpfers
Lass die Halme sich erheben
Und die Pflanzenstengel steigen
Hebe tausendfach die Triebe,
Spreite hundertfach die Sprossen
Durch mein Pflügen, durch mein Säen,
Meine mühevolle Arbeit.[34]

Es ist in diesem Zusammenhang bemerkenswert, was Yrjö von Grönhagen über den finnischen Volksglauben schreibt: „Das finnische Volk war überzeugt von dem göttlichen Ursprung der Welt. Man spürte die göttlichen Kräfte in jedem Baum, in jedem Stück Erde, im Wasser und in den Lüften, im Lauf der Gestirne, im Leben und im Tod. Gute Geister, die Haltia, nahmen sich die Gefilde der Erde zur Behausung. Den geliebten Ahnen und den alles belebenden Geistern wurden Opfer dargebracht. Als Opferstätte wählte man lichte Haine, frische Quellen, seltsame Steine, inmitten des Waldes oder auf dem Feld."[35]

Ganz am Beginn des Kalevala-Epos, in der I. Rune, findet sich ein Weltschöpfungsmythos, der uns von der Erschaffung des Himmels, der Erde und der Gestirne berichtet sowie vom

Werden Väinämönens, des Urzeithelden und Zaubersängers. Anders als in der patriarchalischen Religionstradition (man vergleiche etwa den biblischen Schöpfungsbericht!) ist es hier nicht ein männlicher Demiurg, dem die Welt ihr Dasein zu verdanken hat, sondern ein weibliches Urwesen steht am Beginn allen Weltgeschehens: die Urmutter *Ilmatar,* die erst als jungfräulich-reiner Luftgeist in höheren Luftgefilden schwebt, dann aber - vom Winde geschwängert - als Wassermutter im Urmeer herumtreibt, bis zur Ausbrütung jenes Welteies, aus dem die Erdenschöpfung hervorgeht.

So hab ich es sagen hören,
So den Sang einst selbst erfahren:
Einsam nahen uns die Nächte,
Einsam dämmern auf die Tage,
Einsam wurde Väinämöinen,
Einsam ward der Urzeitsänger
Aus dem Wesen, das ihn austrug,
Ilmatar, der teuren Mutter.

Jungfrau war der Lüfte Tochter,
Dieses schöne Schöpfungswesen,
Lange lebte sie in Reinheit,
Allezeit in Unberührtheit
In dem langen Luftgehöfte,
Auf den ebnen Luftgefilden.
Leidig ward sie ihres Lebens,
Ihres Daseins überdrüssig,
Immer einsam nur zu weilen,
Jungfräulich dahinzuleben
In dem langen Luftgehöfte,
In der unermessnen Öde.

Sieh, da steigt sie schon hernieder,
Senkt sich auf die Wasserwogen,
Auf den offnen Meeresrücken,
Auf die weite Wasserfläche;

Plötzlich kam ein wilder Windstoß,
Aus dem Osten böses Wetter,
Hob sie auf die Meeresbrandung,
Warf sie auf die wilden Wogen.

Wind trieb hin und her die Jungfrau,
Meereswoge wiegt' das Mädchen
Auf dem blauen offnen Wasser,
Auf den weißgekrönten Wellen:
Schwanger wehte sie der Windstoß,
Schwellen ließ den Leib die Woge.
Ihres Schoßes Schwere schleppt sie,
Ihres Bauches volle Bürde
Siebenhundert lange Jahre,
Über neun der Mannesalter,
Und es kommt nicht zum Gebären,
Zeigt sich nicht das Ungezeugte.[36]

Unfähig zum Gebären, schwimmt die Luft- und Wasserjungfrau in den Fluten des Welturgewässers, bis schließlich eine Taucherente vorbeifliegt, auf der Suche nach einem Brutplatz. Auf dem Knie der Jungfrau, das aus dem Wasser ragt, lässt die Ente sich sodann nieder und beginnt zu brüten. Sie brütet die sieben Schöpfungseier aus, aus denen Himmel, Erde und Sternenwelt hervorgehen.

Da erhob die Wassermutter,
Wassermutter, Maid der Lüfte,
Schon ihr Knie aus Meereswogen,
Ihre Schulter aus der Welle
Als ein Nistort für die Ente,
Als ein sehr erwünschter Brutplatz.
Dieser schöne Entenvogel
Schwebt nun langsam, weithin schweifend,
Merkt das Knie der Wassermutter
Auf dem blauen, offnen Wasser,
Hälts für einen Gräserhügel,

Eine frische Rasenbülte.

Er fliegt langsam, gleitet leise,
Auf das Knie lässt er sich sinken,
Darauf baut er seinen Brutplatz,
Legt dort seine goldnen Eier,
Legt sechs Eier ganz von Golde,
Nicht verschlingt der Schlick die Eier,
Nicht verschluckt der See die Stücke;
Sie verwandeln sich zum Guten,
Schön gestaltet alle Stücke:
Aus des Eies untrer Hälfte
Wird die Mutter Erde unten,
Aus des Eies obrer Hälfte
Wird der hohe Himmel oben;
Aus dem obren Teil des Gelbeis
Wird die Sonne weithin strahlend,
Aus dem obren Teil des Weißeis
Wird der Mond mit mildem Glanze;
Was gesprenkelt in dem Ei ist,
Wird zu Sternen hoch am Himmel,
Das, was dunkel in dem Ei ist,
Wird zu Wolken in den Lüften.[37]

Es handelt sich bei dem hier Zitierten um einen ganz wunderbaren „matriarchalischen" Schöpfungsmythos, angefüllt mit archaischen Bildern aus der Frühzeit des Menschentums, frei auch von jeglicher philosophischer Spekulation, sondern stets ausgerichtet an lebensnahen Naturbeispielen. Das Weltenei-Motiv war den Germanen und Kelten wohl unbekannt; es findet sich aber außer im Kalevala-Epos auch in der religiösen Mythologie Indiens und des Fernen Ostens – Tibets, Chinas, Japans – sowie ansatzweise in Ägypten, Phönizien und in der alten Ägäis. Den altgriechischen Orphikern war das Urei ebenso bekannt wie den indischen Brahmanen: „Aber die Orphiker sagen, dass die schwarzgeflügelte Nacht, eine Göttin, vor der selbst Zeus in Ehrfurcht stand, vom Wind umworben wurde, und dass sie ein silbernes Ei im Schoß der Dunkelheit legte; und dass Eros, den manche Phanes nennen, diesem Ei entschlüpfte und das All in Bewegung setzte."[38]

Nach der altfinnischen Kosmogonie hat es, wie wir gesehen haben, vor der Entstehung von Himmel und Erde aus dem Urei noch zwei andere Weltzustände gegeben, einen Wasser- und einen Luftzustand; und die jetzige materielle Erdenverkörperung erweist sich als die Reinkarnation einer weitaus älteren Wesenheit, die vor dem Beginn allen Weltwerdens schon als „Wassermutter" und „Lüftejungfrau" in höheren Ebenen präexistiert hat. Und ahnungsweise erhebt sich hier der Gedanke, dass unsere jetzige Erde die Reinkarnation eines im Grunde uralten Planeten sein könnte, der im Verlauf früherer Weltzustände eine ganze Kette von Verkörperungen und Wiederverkörperungen durchlaufen hat, und zwar nicht nur auf der materiellen Ebene, sondern auch auf jenen höheren Geistesebenen, in denen das Geheimnis allen Seins und Werdens beschlossen liegt.

Mutter Erde in der Volksreligion

Der Glaube an die segenspendende Allmutter Erde hat sich im Volksbrauchtum noch bis ins 19. Jahrhundert erhalten. Am ausführlichsten berichtet hierüber A. Dieterich in seinem Buch *Mutter Erde. Ein Versuch über die Volksreligion* (1905), in dem er neben der Rolle der persönlich gedachten Mutter Erde in der griechischen und römischen Religion auch den Volksglauben - nicht nur den deutschen - heranzieht, in dem sich Reste alter Erdverehrung bewahrt haben. Reichhaltiges Material zu diesem Thema bietet auch der Artikel „Erde" im *Handwörterbuch des deutschen Aberglaubens,* einem für die Volkskunde unentbehrlichen Nachschlagewerk. Denn vieles, was im europäischen Mittelalter unter dem Mantel des „Aberglaubens" weiterlebte, zeigt sich als Restbestand heidnischer Kultformen, die in der Blütezeit des keltischen und germanischen Europa vielleicht weitverbreitet waren.

Da die Erdgöttin schon immer die Polarität zwischen Lebens-Fruchtbarkeitsgöttin einerseits, Todes- und Unterweltsgöttin andererseits hatte, sind es sowohl Geburts- als auch Todesriten, die - im Volksglauben verwurzelt - auf die Erde Bezug nehmen. Die Geburt eines Kindes ließ man auf dem Erdboden erfolgen, oder man legte das Neugeborene nach der Entbindung auf die Erde, damit die heilbringende Erdkraft auf das neue Leben einströme. Wenn das auf den Erdboden gelegte Neugeborene vom Vater aufgehoben wurde, wie mancherorts üblich, so wurde es damit als legitimes Kind des Vaters anerkannt und überhaupt in die menschliche Gemeinschaft aufgenommen. Die Mutter Erde, selbst eine Personifikation des Weiblich-Mütterlichen, schien geradezu die Schutzherrin menschlicher Geburt zu sein.

Aber Geburt und Tod hängen miteinander zusammen, und auch beim Tod schien die magische Berührung mit dem Erd-Element erforderlich zu sein. Weitverbreitet war die Sitte, Sterbende auf die bloße Erde zu legen, damit der Sterbende umso leichter in den Schoß der Erdgöttin eingehen könne. Auch würde die Erdkraft, so stellte man es sich vor, dem Schwerkranken das Sterben erleichtern. In vielen Ländern ist es Brauch, bei der Beisetzung eine Handvoll Erde in das noch offene Grab zu werfen. Im Inneren der Erde dachte man sich schließlich auch das Totenreich, die Welt der abgeschiedenen Seelen, die dort unten in einer Schattenwelt verweilen, bis sie der ewig fruchtbringende Schoß der Erde vielleicht wieder zu neuer Geburt und neuem Leben freigibt. Die Erdgöttin ist also immer auch die Unterirdische, die Göttin der Tiefe; sie ist Demeter und Persephone zugleich.

Als Oberirdische ist die Göttin Erde vor allem Hüterin der Fruchtbarkeit; sie ist Herrin über die Ackerflur, Kornmutter, Saat- und Getreidemutter. Die Rituale, die sich auf diesen Aspekt der Erdmutter beziehen, sind agrarische Fruchtbarkeits-Rituale. Die uralte, wahrscheinlich aus dem Neolithikum stammende Idee der *Heiligen Hochzeit*, der rituellen Vereinigung von Vater Himmel und Mutter Erde, spielte hierbei eine große Rolle. Der vom Himmel fallende Regen, der die Saat zum Sprießen bringt, wurde dabei oft als der eigentliche Akt der Befruchtung gesehen; der Regen-, Donner- und Gewittergott ist darum der Kultgatte der Mutter Erde. In den Rahmen solcher heiligen Bräuche gehört ein ritueller Ruf, der auch in Eleusis erklungen sein soll. Man rief den Himmel an: *hye* – regne, und dann die Erde: *kye* – empfange. Zur Abwehr der Dürre ist folgender Brauch aus Siebenbürgen überliefert: Ein Bauer lässt eine Frau am Johannismorgen sich nackt auf den Acker legen und sagen: Junger Sonnenherr, tu mir keinen Schaden an! Die Frau repräsentiert die Mutter Erde selbst, und ihr Kultgemahl ist der Sonnengott.

Leute, die sich auf die Zauberkunst verstehen – besonders Hexen oder weise Frauen – wussten die Erdkraft für ihre Zwecke zu nutzen, und sie bedurften der ständigen Verbindung mit dem Erd-Element, um ihre Zauberkraft zu behalten. Deshalb hielt man gefangene Zauberer und Hexen von der Erde fern; man hielt sie über der Erde schwebend gefesselt und führte sie in einem Kupferkessel zur Richtstätte. Als ein

Zauberer in der Schweiz einmal so hinausgeführt wurde, so berichtet eine Volkssage, gaben Kinder dem Gefangenen Brot; das Brot fiel jedoch auf die Erde, und als die Kinder es ihm dann reichten, bekam der Zauberer wieder Macht und befreite sich. Eine Hexe, die man gefangen hatte, rief einem Knaben zu, er möge ihr drei Handvoll Erde zuwerfen. Der Knabe tat dies, und die Hexe erhielt dadurch ihre Zauberkraft wieder zurück und konnte entweichen. Hinter der rituellen Handvoll Erde steht vermutlich die Erdgöttin selbst, eine Göttin der Magie und des Zauberwesens; und die magiekundigen weisen Frauen, die ihr dienten, waren die von der Kirchen-Obrigkeit verfolgten „Hexen".

Die Göttin Erde ist, wie man weiß, auch die Weissagende. Aus der Erde suchte man daher seit ältester Zeit die Zukunft zu erforschen. Im deutschen Brauchtum finden sich Beispiele hierfür in großer Zahl. Geht man in Schlesien in der Christnacht auf ein Weizenfeld, zeichnet dort mit geweihter Kreide ein Dreieck auf den Boden und legt das Ohr auf die Erde, so vernimmt man aus der Tiefe eine Stimme, die erzählt, was im neuen Jahr vorkommen wird. Das Volk nennt diese Sitte das Weizenhören. Ebenso kann man in Ungarn in der Christ- oder Neujahrsnacht zu mitternächtlicher Stunde die Zukunft erfahren, wenn man an einem Kreuzweg oder auf einem Berg das Ohr auf die Erde legt. Im Orakel zu Delphi saß die Pythia auf einem dreibeinigen Schemel über einem Erdspalt, und die von dort aufsteigenden Dämpfe versetzten sie in jenen trancehaften Zustand, in dem sie weissagte. Andere Formen des Erd-Orakels, bei dem Losstücke aus Stein, Holz oder Knochen auf den Erdboden geworfen werden, sind bei zahlreichen Naturvölkern bezeugt. Die Erde ist also immer auch die Wahrsage-Göttin.

Göttin Natura im Mittelalter

In den alten Volksüberlieferungen wird, wie wir gesehen haben, die Natur als etwas Wesenhaftes, ja als eine Wesenheit aufgefasst, die - mit planender Intelligenz ausgestattet - alle Lebewesen in sich beschließt. Dies entspricht dem Konzept der *Göttin Natura,* wie es in der antiken Orphik auftaucht und noch bis ins Mittelalter erhalten bleibt, etwa im *Anticlaudianus* des Alanus ab Insulis (1120–1203). Ein Verehrer der „Göttin Natur" war auch der Gelehrte und Diplomat Brunetto Latini (1220–1294), der berühmte Lehrer Dantes, der in seinem *Tesoretto* eine mystische Vision schildert, die ihn um das Jahr 1260 auf seinen Irrfahrten und Wanderungen überkam. In dieser Vision zeigt sich ihm die Göttin Natura:

> Sie erschien mir manchmal
> wie verkörpert und manchmal
> ganz gestaltlos.
> Oft berührte sie den Himmel,
> als wäre er ihr Schleier,
> und manchmal veränderte sie ihn.

Die Himmel bewegten sich
nach ihrem Geheiß.

Oft dehnte sie sich,
so dass sie die ganze Welt mit
ihren Armen zu umfassen schien.
In ihrem Walten sah ich,
dass jedes Geschöpf,
das einen Anfang hat,
auch sein Ende erreicht.

Dann, als sie mich erblickte,
wandte sie ihr
lächelndes Antlitz zu mir
und nahm mich im Geheimen auf
und sprach dann sogleich:
Ich bin die Natura ... [39]

Das Wesenhafte der Natur hat Brunetto Latini also geschaut. Und dass der Glaube an die Macht der Erdgöttin selbst im Mittelalter nie ganz erloschen ist, beweist unter anderem der nachstehende Text aus einem englischen Herbarium des 12. Jahrhunderts, in der die Große Göttin als Herrin der Heilkräuter und der Arzneikunde angerufen wird:

> Erde, göttliche Königin, Mutter Natur, die du alle Dinge geschaffen und immer aufs neue die Sonne aufgehen lässt, die du den Völkern geschenkt hast; Hüterin des Himmels und des Meeres und aller Götter und Mächte; durch deinen Einfluss wird die Natur stumm und sinkt in Schlaf.
>
> Und wiederum schickst du, wenn es dir gefällt, das glückliche Licht des Tages und nährst das Leben mit deiner ewigen Gewähr; und wenn der Geist des Menschen hinscheidet, kehrt er zu dir zurück. Mit Recht bist du die Mutter der Götter genannt; Sieg ist dein göttlicher Name. Du bist die Quelle der Kraft von Völkern und Göttern; ohne

dich wird nichts geboren und nicht vollkommen; du bist mächtig, Königin der Götter.

Göttin, ich verehre dich als göttliche Königin, deinen Namen rufe ich an; geruhe, mir zu gewähren, um was ich dich bitte, auf dass ich dir, Gottheit, meinen Dank erstatte, im Glauben, der dir gebührt. Auch an dich nun richte ich meine Fürbitte, an all deine Mächte und Heilkräuter und deine Majestät:

Zu dir flehe ich, die dich die umfassende Mutter Erde geboren und allen Völkern als heilende Arznei geschenkt und dich königlich ausgezeichnet hat, gib du jetzt größte Wohltat uns Menschen. Dies erbitte und erflehe ich:

Sei bei uns mit all deinen Vorzügen, denn sie, die dich erzeugt, hat es so eingerichtet, dass ich dich anrufen darf, unter Berufung auf den Gott, dem die ärztliche Kunst verliehen war; darum gewähre, um Gesundheit willen, gute Arznei, vermöge dieser deiner besagten Kräfte.[40]

Geomantie im Alten China

Das Weltbild des Alten China, der *chinesische Universismus,* stellt den Harmoniegedanken in den Mittelpunkt: Harmonie zwischen Mensch, Himmel und Erde, diesen drei Bestandteilen des als organische Einheit aufgefassten Universums. Aufrechterhalten wird die Große Kosmische Harmonie durch das Zusammenwirken der beiden gegensätzlichen, sich jedoch polar ergänzenden Urkräfte *Yin* und *Yang*. Yin steht für das dunkle, weiche, weibliche Prinzip, Yang für das helle, harte, männliche Prinzip. Yin steht als Symbol für den irdisch-materiellen Bereich, Yang als Symbol für den himmlischen oder geistigen Bereich. Im *I Ging,* dem Buch der Wandlungen, wird das Verhältnis des Yin zum Yang so beschrieben: „Es ist die Natur gegenüber dem Geist, die Erde gegenüber dem Himmel, das Räumliche gegenüber dem Zeitlichen, das Weiblich-Mütterliche gegenüber dem Männlich-Väterlichen."[41]

Weiterhin heißt es in demselben Buch: „Diese beiden Urkräfte kommen nicht zum Stillstand, sondern der Kreislauf des Werdens setzt sich dauernd fort. Der Grund hierfür ist, dass zwischen beiden Urkräften immer wieder ein Spannungszustand entsteht, ein Gefälle, das die Kräfte in Bewegung hält und zu ihrer Vereinigung drängt, wodurch sie sich immer wieder neu erzeugen. Das wird durch den Sinn bewirkt, ohne dass dieser dabei selbst in Erscheinung tritt. Diese Eigenschaft des Sinnes, durch dauerndes Neuerzeugen des Spannungszustandes zwischen den polaren Kräften die Welt zu erhalten, wird als gut bezeichnet."[42]

So wird das Universum also gesehen als ein dynamisches Gleichgewichts-System, das sich vermöge einer inneren Sinnhaftigkeit selbst reguliert, indem es immer wieder neu auf einen Ausgleich zwischen den Yin- und Yang-Kräften hinstrebt. Die Bestimmung des Menschen nach dieser Weltsicht ist es, sich in die Große Kosmische Harmonie einzufügen. Naturverbundene Weltfrömmigkeit ist darum die Grundstimmung der altchinesischen Kultur und Religion gewesen. Die ganze irdisch-menschliche Ordnung, einschließlich des streng ständisch organisierten Staatswesens, galt den Chinesen als getreues Abbild der ewigen himmlischen Ordnung. Im Einklang mit dem Tao, dem kosmischen Urgesetz, zu leben, galt als das höchste Ziel ethischer Lebensgestaltung. Denn, so heißt es im *Shu-Ching*: „Es ist ein innerster Zusammenhang zwischen dem Himmel oben und dem Volke unten, und wer das im tiefsten Grunde erkennt, der ist der wahre Weise."[43]

Das im Alten China vorherrschende Menschenbild lässt sich am ehesten als ein Humanismus begreifen, aber kein anthropozentrischer im Sinne der europäischen Renaissance, sondern ein ökologisch-spiritueller Humanismus. Über den Menschen heißt es beispielsweise im *Buch der Sitte*: „Der Mensch vereint in sich die Geisteskräfte von Himmel und Erde, in ihm gleichen sich die Prinzipien des Lichten und Schattigen aus, in ihm treffen sich die Geister und Götter, in ihm finden sich die feinsten Kräfte der fünf Wandelzustände (Elemente). Darum ist der Mensch das Herz von Himmel und Erde und der Keim der fünf Wandelzustände."[44]

Auf der Grundlage des Harmoniegedankens und des ökologischen Humanismus hat China vor Jahrtausenden schon eine zutiefst schöpfungsverbundene Kultur entwickelt, eine Kultur der Ehrfurcht vor dem Leben. Der Mensch als das Wesen der Mitte, das die Wesenskräfte der Erden- und Himmelsmächte in sich trägt, hat die Aufgabe der Vermittlung: Sachwalter und Stellvertreter des Himmels auf Erden zu sein. Diese Aufgabe fiel insbesondere dem Kaiser zu, der über die Einhaltung der kosmischen Gesetze zu wachen hatte. Mindestens seit der *Chou*-Zeit (etwa 1050 bis 256 v. Chr.) war sogar die Architektur fürstlicher Residenzen ein Abbild der Himmelsordnung. Der Palast des Thronfolgers lag stets im Osten, jener der Königinmutter im Westen. Es war auch die Aufgabe des Kaisers, durch Opfer und Gebet den heiligen Jahreslauf aufrecht zu erhalten; Sonnenfinsternisse und Überschwemmungen galten als Versäumnisse des Kaisers!

Denn der Kaiser galt seit jeher als der Himmelssohn: er allein durfte den Wesensmächten Himmel und Erde opfern; der Feudalfürst war nur befugt, den Bergen und Strömen im eigenen Herrschaftsgebiet sowie den Göttern des Bodens und des Getreides Opfer darzubringen. In Himmel und Erde spiegelte sich auch die machtvolle kosmische Urpolarität von Yin und Yang wider: Der Himmel war seinem Wesen nach Yang-Kraft, also männlich, und wurde personifiziert als *Shang Ti*, der *Erhabene Ahne*; die Erde als Trägerin der Yin-Kraft wurde als eine weibliche Gottheit gesehen (wie eigentlich überall auf der Welt). Im Chinesischen gibt es zwei verschiedene Worte für „Erde": einmal *Ti*, was die Erde als Weltkörper bedeutet, und zum anderen *T'u* im Sinne des Erdbodens, des Ackerbodens. Die Erde als kosmischer Weltkörper ist die Erdgöttin im eigentlichen Sinne; der Erdboden (in diesem Falle: der stets gelbliche Lehm- und Lößboden Nord- und Zentralchinas) war nicht eine eigene Gottheit an sich, sondern war durchlebt von zahlreichen Saat-, Ernte- und Getreidegöttern.

Menschliche Architektur musste nicht nur nach himmlisch-kosmischen, sondern auch nach irdisch-tellurischen Gesichtspunkten ausgerichtet werden; eine uralte Tradition hat daher im Alten China die *Geomantie*, die Wissenschaft von den Erdstrahlungen und Erdkräften. Ungeheuer subtile, feinstoffliche Erdenkräfte prägen nach der Erkenntnis der Geomanten nicht nur die äußere Gestalt einer bestimmten Landschaft, sondern auch die Mentalität und das Wohlbefinden derer, die in solcher Landschaft wohnen. Menschliche Architektur musste der vorgefundenen Landschaftsstruktur und ihrer energetischen Schwingungsqualität weitgehend angepasst werden; Bauwerke wie Häuser oder Straßen galt es so anzulegen, dass sie den natürlichen chthonischen Kräftefluss des jeweiligen Ortes nicht stören oder behinderten. Menschliche Kultur also in engster Symbiose mit den Schwingungs- und Lebensgesetzen der Mutter Erde! Denn:

> Der Geist der Tiefe stirbt nicht.
> Er ist das Ewig Weibliche.

Beim Ausgang des Ewig Weiblichen
Liegt die Wurzel von Himmel und Erde.
Endlos drängt sich's und ist doch wie beharrend.
Der es wirkt, bleibt ohne Mühe.[45]

Die hier zitierten Verse werden dem *Herrn der Gelben Erde* zugeschrieben, chinesisch *Huang Di,* eine gerade im Taoismus recht häufig vorkommende mythische Gestalt. Der Sage nach soll er vor unvordenklicher Zeit über das Menschengeschlecht regiert haben, und diese Zeit galt als das „Goldene Zeitalter", der Kindheits- und Paradieszustand der Menschheit. Nicht nur in China, sondern auch in anderen frühen Hochkulturen gibt es solche Rückerinnerungen an einen mythisch verklärten Urzustand, vielleicht eine kollektive Menschheits-Erinnerung an die längst untergegangenen vorsintflutlichen Reiche Atlantis und Lemurien. In der griechischen Mythologie wird der Gott Kronos, der römische Saturn, als der Regent des „Goldenen Zeitalters" gepriesen; und der taoistische „Herr der Gelben Erde" scheint ganz und gar mit dem alteuropäischen Kronos / Saturn wesensgleich zu sein. Das „Goldene Zeitalter" ist hingegen gleichzusetzen mit der atlantischen Kulturepoche, und aus dieser Epoche stammt die auch in China geübte Wissenschaft der Geomantie!

Im Alten China war die eigentlich aus Atlantis stammende, auch im Alten Europa verbreitete Wissenschaft und Kunst der Geomantie unter dem Namen *Feng-Shui* bekannt, das bedeutet *Wind und Wasser*. Schon der Name lässt erkennen, dass es sich hierbei um eine Strömungswissenschaft handelte, und tatsächlich liegt der altchinesischen Geomantie auch eine Lehre von der magischen Bedeutung der vier (richtiger: der fünf) Elemente und Himmelsrichtungen zugrunde (diese sind: Norden, Süden, Westen, Osten und die Mitte; die fünf Elemente sind: Erde, Wasser, Feuer, Holz und Metall). Zwischen diesen „fünf Wandelzuständen", die alle aus einem harmonischen Zusammenwirken von Yin und Yang gebildet werden, wurden Analogien und Querverbindungen subtilster Art angenommen, worüber die folgende Tabelle Auskunft gibt:

Erde	Wasser	Feuer	Holz	Metall
Mitte	Norden	Süden	Westen	Osten
	Winter	Sommer	Frühling	Herbst
Gelb	Schwarz	Rot	Grün	Weiß
Saturn	Merkur	Mars	Jupiter	Venus

Zu beachten ist hierbei, dass die fünf Elemente nicht nur als materielle Substanzen, sondern als geistorganische Kräfte, als weltgestaltende Mächte vorgestellt werden: „Holz ist das organisch von innen sich Gestaltende, Feuer ist das Emporsteigende, Metall das von außen mechanisch Gestaltete, Wasser das nach unten Sinkende, die Erde ist der gemeinsame Mutterboden“, heißt es im *Buch der Sitte*[46].

Die Kunst des Feng-Shui ist einmal so definiert worden: „Es ist die Kunst, die Wohnstätten der Lebenden und der Verstorbenen so zu gestalten, dass sie mit den örtlichen Strömungen zusammenarbeiten und harmonieren.“[47] Es ist eine Kunst, die das Wissen um die okkulte Bedeutung der fünf Wandelzustände voraussetzt, denn alle Strömungen in und auf der Erde kommen ja zustande durch eine Vermischung oder Verbindung der fünf Wandelzustände. Die Basis der Geomantie ist also eine okkulte Elementenlehre.

Geprägt und geformt werden die fünf Wandelzustände durch die beiden polaren Weltkräfte Yin und Yang, die wiederum nur zwei Ausgestaltungen einer an sich einheitlichen Urkraft sind. Diese einheitliche Urkraft ist im Bereich der irdisch-materiellen Schöpfung die *Chi*-Kraft, die auch in der traditionellen chinesischen Heilmethode der Akkupunktur eine entscheidende Rolle spielt. Die Chi-Kraft ist eine sehr subtile bioenergetische Lebenskraft, die allem Lebendigen Seinskraft verleiht, indem sie die unsichtbare ätherische Aura wie auch den physischen Leib eines jeden Lebewesens durchpulst. Sie wurde von den Weisen Indiens als *Prana*-Kraft bezeichnet, ist in der westlichen Esoterik auch als *Od*- oder *Orgon*-Energie bekannt. Übrigens ist sie auch identisch mit dem von Franz Anton Messmer entdeckten „thierischen Magnetismus“.

Der physisch-ätherische Organismus des Planeten Erde ist nach der Erkenntnis der Geomanten durchzogen von einem Netzwerk subtiler Kanäle, durch die der Lebensodem der *Chi*-Kraft hindurchfließt - es gibt also ein planetarisches Meridian-System. Die Kunst des Geomanten bestand darin, die aurische Schwingungs-Qualität eines bestimmten Ortes zu ermitteln, und wie dies geschah, das berichtet neben anderen auch Joseph Needham in seinem Buch *Wissenschaft und Zivilisation in China*. Er schreibt dort:

„Jeder Ort besaß seine ganz spezifischen topographischen Eigenheiten, die den örtlichen Einfluss der verschiedenen Chi'-Lebenskräfte abänderten. Am bedeutendsten waren dabei Hügelformen und der Richtungsverlauf von Wasserläufen; sie alle waren den formenden Kräften von Wind und Wasser ausgesetzt. Darüber hinaus wurden Höhe und Form von Gebäuden sowie die Orientierung von Straßen und Brücken als mächtige Faktoren angesehen. Durch die stündliche Verschiebung in den Positionen der Himmelskörper wurden auch Stärke und Art der unsichtbaren Erdströmungen verändert; deswegen mussten auch die von der jeweiligen Örtlichkeit aus sichtbaren Aspekte der Himmelskörper in Rechnung gestellt werden. Die Standortwahl war von äußerster Wichtigkeit, eine schlechte Lage war jedoch keineswegs unheilbar. Um den Zustand des Feng-Shui zu ändern, brauchte man nur Gräben und Tunnel anzulegen oder konnte auch andere Maßnahmen ergrefen."[48]

Geomantie ist also - auf einen kurzen Nenner gebracht - eine Methode, die angewandt wird, um das Geheimnis des *genius loci* zu ergründen, die nicht sichtbare und nicht fassbare subtile Qualität eines Ortes. In Europa pflegten die alten Römer den regierenden Geist eines Ortes als den *genius loci* zu bezeichnen, wohl wissend, dass es sich hierbei um eine Qualität handelte, die Landschaft und menschliche Bewohner der jeweiligen Örtlichkeit in ganz außerordentlichem Maße zu prägen vermag. Die Qualität eines Ortes ist bestimmt durch eine Vielzahl von geographischen, geologischen und geophysikalischen, aber auch kosmischen, tellurischen, aurischen und ätherischen Faktoren. Nicht nur die Qualität des Bodens war von Belang, nicht nur der Einfluss der Himmelskörper, sondern auch die Qualität der Erdkräfte selber, ob es sich zum Beispiel um eine Yin- oder eine Yang-Erdkraft handelte, oder - um einen ganz besonderen Fall zu nennen - ob gar eine Überschneidung mehrerer Erdkraft-Strömungen vorliegen mochte. All dies prägt den sowohl physischen als auch spirituellen Charakter eines Ortes.

Die von Chi-Kraft durchpulsten Kanäle im planetarischen Meridian-System der Erde nannten die chinesischen Geomanten *Drachenlinien, Drachenwege* - wobei der Drache in China als ein gutartiges, nicht als ein bösartiges Wesen galt. In Europa pflegt man die Kanäle der Erdkraft als Kraftlinien, geodätische Linien oder - im Englischen - als *ley lines* zu bezeichnen. Die erdkraft-geladenen Strömungslinien unserer Erde bil-den ein schachbrettartiges Gittermuster, und wo sich solche Linien überschneiden, da befindet ein tellurischer Kraftort. Heilspendende Quellen können dort entspringen; deshalb wurden die Kraftorte später unter der Herrschaft des Christentums oft zu Wallfahrtsorten. Von Kraftorten können aber auch, je nach der besonderen Qualität des Ortes, für den Men-schen schädliche, die Gesundheit gefährdende Kräfte ausgehen. Im Alten China wurde bei der Grundsteinlegung eines Wohnhauses, noch bevor der Maurer und der Zimmermann seine Arbeit begann, der Geomant gerufen, der mit Hilfe einer Wünschelrute oder eines geomantischen Kompasses (*lo p'an* genannt) die aurische Schwingungs-Qualität des Ortes und damit seine Eignung für menschliche Bedürfnisse ermittelte.

Solche und ähnliche Praktiken sind in Europa noch bis ins 18. Jahrhundert hinein üblich gewesen. Aber wegen ihres ganzheitlich-spirituellen Weltbildes und ihrer Verschwisterung mit der Astrologie ist die Geomantie wie andere okkulte Wissenschaften aus ältester Zeit auch vom Geist der Moderne als „Aberglaube“ verunglimpft worden; die Geomantie als einst heilige Erdenwissenschaft ist also der Aufklärung und dem Rationalismus zum Opfer gefallen. Erst im 20. Jahrhundert ist die Geomantie aus ihrem Dornröschenschlaf wieder erweckt worden, vor allem durch die umfangreichen Forschungsarbeiten des Engländers Alfred Watkins (1855–1935), des Wiederentdeckers der tellurischen Kraftlinien (er prägte den Begriff *ley lines*). In Verbindung mit der Öko-Architektur, der Baubiologie und der Radiästhesie kann die Geomantie in heutiger Zeit ungeahnte Aktualität gewinnen!

Auch viele Rätsel der Vor- und Frühgeschichte könnten durch die Geomantie und ihr Wissen um das Fließen der Erdenergien gelöst werden. Denn Architektur war in ältester Zeit immer sakrale Architektur, und diese war eben gleichbedeutend mit erden-, sternen- und kosmosverbundener Architektur. Dies gilt nicht nur für die ägyptischen Pyramiden, sondern auch für westeuropäische Kultstätten aus der Jungsteinzeit, ja sogar für christliche Kathedralen und Dome, die meist auf den Orten keltisch-germanischer Weihestätten errichtet wurden. Die Kathedrale von *Chartres* zum Beispiel steht auf einem Platz, auf dem sich einst im keltischen Gallien eine Druiden-Mysterienschule befand, ein Ort im „Lande der Carnuten" (Cäsar), der ohne Zweifel auch ein Kreuzungspunkt chthonischer Kraftlinien ist. Ein geomantisches Kraftzentrum in England ist der angebliche Wohnort des König Artus *Glastonbury*, wo heute eine christliche Abtei steht; vordem war dieser Ort eine heidnische Kultstätte zu Ehren des keltischen Feengottes *Gwynn ap Nudd* gewesen.

Es wurde bereits darauf hingewiesen, dass die jungsteinzeitlichen Tempelanlagen Europas durch ein Netzwerk geomantischer Kraftlinien miteinander verbunden sind; denn wiewohl diese zyklopischen Steintempel mit dem heiligen Sonnenwirken verbunden waren, so waren sie auch durch subtilste Kräfteströmungen verbunden mit dem Äther-Organismus der Erde. Eine große Erdkraftlinie geht von den *Externsteinen* bei Detmold über das Orakelzentrum von *Delphi* bis hin zu den ägyptischen *Pyramiden*; eine andere von *Stonehenge* in Südengland über die Bretagne mit ihren zahlreichen Menhiren bis nach Südwestspanien und den Kanarischen Inseln – und von dort aus vielleicht sogar noch weiter bis nach Zentralmexiko zur Hochebene von *Teotihuacan*, von der aus sich weitere Nebenkraftlinien nach Südamerika zu den alten Inka-Städten verzweigen. Ja, von dort aus gehen noch weitere Verästelungen zu den Osterinseln im Südpazifik. Dies sind Zusammenhänge, die hier nur angedeutet werden können.

Die britischen und amerikanischen Wissenschaftler, die im *Dragon Project* zusammen arbeiten, haben mit zahlreichen Experimenten den Nachweis erbracht, dass an den Orten neolithischer Steinmale besonders intensive Strahlungsverhältnisse vorherrschen. Und zwar sogar in einer solchen Intensität, dass man die unsichtbaren Kraftfelder dieser einstigen heiligen Stätten schon mit naturwissenschaftlichen Messmethoden wahrnehmen kann. Im Dragon Project, das 1977 als fachübergreifender Forschungskreis gegründet wurde, arbeiten Wünschelrutengänger mit Geologen, Physikern und Urgeschichtsforschern zusammen - eine echte Ökumene des Geistes, ein Ansatz zu einer künftigen Synthese von Wissenschaft und übersinnlicher Geistesschau. Wenig ist in Deutschland über diese Gruppe bisher bekannt geworden, aber in der Zeitschrift *Esotera* (Ausgabe vom April 1987) erschien ein ausführlicher Bericht über dieses zukunftsweisende Forschungsprojekt.

Kann man Erdstrahlungen denn überhaupt messen? Die eigentliche Erden-Aura ist freilich übersinnlich und feinstofflich - darüber besteht gar kein Zweifel! –, aber solche Schwingungen können durchaus in besonderen Fällen sich bis in den physikalisch-messbaren Bereich ausdehnen. Die Mitarbeiter des Dragon Project haben zahlreiche megalithische Steinkreise in England untersucht, und dabei haben sie festgestellt, dass an solchen Orten ein gegenüber der Umgebung stark verändertes Magnetfeld und Schwerefeld sowie ein erhöhter Grad an natürlicher Radioaktivität und Luftionisierung festzustellen ist. Im Steinkreis von Rollright in der Grafschaft Oxfordshire konnten sogar besonders intensive Ultraschall-Ausstrahlungen und Lichtentladungen vermerkt werden.

Es hat sich gezeigt, dass vor allem der zentrale Kultstein in der Anlage von Rollright von einer fahlen nordlichtartigen Aureole umgeben war, die allerdings nur nachts in Erscheinung trat und dann auch mit speziellen Ablichtungsmethoden

(„*Kirlian*-Fotographie") abgebildet werden konnte. Der Stein hatte eine leuchtende Lebensaura von der Art, wie man sie bisher bei Pflanzen, Tieren und Menschen festgestellt hat; mit anderen Worten: Steine sind lebendig-beseelte Wesen, sind in die große Kommunion des Lebens eingebunden. Mehr noch: Steine sind oft auch „wissende" Steine, die Bilder und Bewusstseinsformen in sich „gespeichert" haben, und zwar können sie dies auf Grund ihrer besonderen physikalischen Struktur. In den Naturwissenschaften sollte man auf die allzu konsequente Trennung zwischen Organischem und Anorganischem, Belebtem und Unbelebtem, Bewusstem und Unbewusstem in Zukunft verzichten.

Heutzutage besteht die einzige Rettung für das Abendland in einem globalen Bewusstseinswandel, in der Gewinnung eines kosmischen Bewusstseins, das Geist und Natur, Himmel und Erde wieder zur Einheit verbindet. Gegenwärtig, wo die Wende zum kosmischen Bewusstsein im vollen Gange ist, besinnt man sich immer mehr auf die uralten Traditionen ökologischen Denkens, die uns von den Naturvölkern und den Hochkulturen des Fernen Ostens überliefert sind. Die Naturschau der Indianer-Schamanen, die Weisheitslehren Indiens und Chinas, aber auch die okkulten Traditionen Europas treten wieder in unser Blickfeld, vielleicht weil sie für die Heranbildung eines künftigen ökologischen Bewusstseins des Abendlandes bedeutsam sind.

Im folgenden Teil des Buches wollen wir nun vor dem Hintergrund der Kulturgeschichte Europas Ansätze einer spirituellen Naturwissenschaft aufzeigen – *von Leonardo da Vinci bis zur Gaia-Hypothese.*

Ansätze einer spirituellen Naturwissenschaft

Leonardo da Vinci über die Erde

Die Größe des *Leonardo da Vinci* (1452–1519) und seine Bedeutung in der Geschichte der abendländischen Kultur beruhen darauf, dass er wie kein anderer Kunst und Wissenschaft als eine Einheit menschlichen Erkenntniswillens und -vermögens aufgefasst hat. Als Maler ist er der Vollender des klassischen Stils; als Naturforscher und Philosoph versuchte er auf der Grenzscheide zwischen mittelalterlichem und modernem Denken stehend ein enzyklopädisches Wissen mit den Mitteln der Erfahrung und des Experiments zu gewinnen. Nachdem er den Zenit seines künstlerischen Ruhms erlangt hatte, griff er nur noch zögernd zum Pinsel, sondern wandte sich verstärkt wissenschaftlichen Studien zu: Neben mathematischen Untersuchungen war es zunächst die Anatomie, die er betrieb, dann aber auch biologische und physikalische Studien.

Seine schon in der Mailänder Zeit (1481–1499) begonnenen Experimente über den Flug des Menschen führten ihn zu Untersuchungen über den Vogelflug; auch die Strömungsgesetze der Luft und des Wassers suchte er zu erforschen. Durch und durch ein Empiriker, darf Leonardo dennoch nicht - wie dies oft versucht wurde - als Begründer der modernen Naturwissenschaft überhaupt bezeichnet werden; er war vielmehr ein zu vollentwickeltem Menschentum herangebildetes Universalgenie, in dessen umfassender Schau Kunst, Philosophie und Naturwissenschaft eine organische Einheit bildeten. Da Leonardo da Vinci auch als Forscher stets nach den letzten

Weltgründen fragt, die für ihn unbedingt geistiger Natur sind, so muss er als Vertreter einer nicht materialistischen oder mechanistischen, sondern spirituellen Naturwissenschaft gelten.

Seine gesammelten naturwissenschaftlichen Traktate sind zwar insgesamt ein Torso geblieben, und doch stellen sie einen Ansatz dar zu einer umfassenden esoterischen Kosmologie, in der ein geistiges Schöpfungswissen sich harmonisch vermählt hat mit dem forschenden, denkenden Geist der Moderne. Welche Rolle und Bedeutung hat in Leonardos Kosmologie unsere Wohnstätte im All, unser Planet Erde?

Leonardo da Vinci war ja ein typischer Renaissance-Mensch, und der eigentliche Kulturimpuls der Renaissance bestand darin, dass sie gegenüber der muffig-dumpfen Jenseitsfrömmigkeit des Mittelalters einen neuen Natursinn entwickelt hat. Eine neue Diesseitsfreude war aufgekommen, schon mit Dante und Petrarca; aber der Renaissance-Mensch erlebt das Diesseits nicht als tot und sinnentleert, sondern als einen lebendigen göttlichen Organismus. Ein solcher „Pantheismus" (oder richtiger wohl, Pan-en-theismus: Gott in Allem) liegt auch der Naturwissenschaft und Naturphilosophie Leonardos zugrunde. Es gibt einen von Leonardo verfassten *Traktat über das Wasser*, vermutlich um das Jahr 1500 entstanden, in dem die Erde als ein organisches Lebewesen bezeichnet wird: ein Lebewesen, das lebt und atmet, wächst und gedeiht, das sogar eine „vegetative Seele" hat. Aus diesem Traktat soll im Folgenden etwas ausführlicher zitiert werden.

Zu Beginn der Schrift betont Leonardo da Vinci die Ähnlichkeit zwischen Erdengestalt und Menschengestalt – die

Erde also als Organismus: „Der Mensch wird von den Alten eine Welt im kleinen genannt, und sicher ist die Aussage dieses Namens auf den rechten Platz gestellt; denn wie der Mensch aus Erde, Wasser, Luft und Feuer zusammengesetzt, dieser Körper der Erde ist desgleichen. Wenn der Mensch in sich Knochen hat, Stützen und Armatur des Fleisches, - die Welt hat das Gestein, Stützen der Erde; wenn der Mensch in sich den See des Blutes hat, wo die Lunge im Atmen wächst und abnimmt, der Körper der Erde hat sein ozeanisches Meer, das, auch dieses, wächst und abnimmt, alle sechs Stunden, beim Atmen der Welt; wenn von besagtem See des Blutes Adern entspringen, die, sich verzweigend, durch den menschlichen Leib gehen, gleicherweise füllt das ozeanische Meer den Leib der Erde mit ungezählten Wasseradern."[49]

Lebendiges kann nur aus Lebendigem entstehen; daher - so folgert Leonardo - müsse die Erde eine Art von animalischem Leben sein: „Keinerlei Ding entsteht an einem Ort, wo nicht sensitives, vegetatives und rationales Leben vorhanden ist: die Federn kommen bei den Vögeln hervor und wechseln jedes Jahr; die Haare wachsen auf den Tieren und wechseln jedes Jahr; außer an einigen Teilen, wie die Haare des Bartes der Löwen, Katzen und ähnlicher; es entstehen die Kräuter auf den Wiesen und die Blätter auf den Bäumen und erneuern sich jedes Jahr in großer Zahl; also können wir sagen, dass die Erde eine vegetative Seele habe, und dass ihr Fleisch sei der Boden; ihre Knochen seien die Ordnungen der Zusammenhänge von Gestein, aus denen sich Berge zusammensetzen; ihr Geknorpel sei der Tuff; ihr Blut sind die Adern des Wassers; der See des Blutes, so um das Herz herumliegt, ist das ozeanische Meer, ihr Atmen und das Wachsen und Abnehmen des Blutes durch die Pulse ist bei der Erde die Flut und Ebbe des Meeres, und die Wärme der Seele der Welt ist das Feuer, so der Erde innewohnt..."[50]

„Der Körper der Erde, gleichwie der Körper der Tiere, ist aus Verästelungen der Venen gewoben, die alle miteinander verbunden sind und eingerichtet zur Ernährung und Belebung selbiger Erde; sie gehen aus von den Tiefen des Meeres und zu diesen haben sie, nach vielen Revolutionen, durch die Flüsse zurückzukehren, welche aus den Brüchen selbiger Venen in der Höhe geschaffen sind."[51]

Die vegetative Seele, auch Körperseele, wie sie nicht nur von Leonardo, sondern auch von der platonischen Akademie in Florenz angenommen wurde, ist im Grunde nichts anderes als die „Lebenskraft" späterer Zeiten. Diese Lebenskraft lässt sich auch als Ätherkraft bezeichnen, und noch im 19. Jahrhundert gab es innerhalb der Biologie eine „vitalistische" Richtung, die das Vorhandensein dieser Kraft nachzuweisen suchte. Und wenn es diese Ätherkraft tatsächlich gibt, dann ist es gut denkbar, dass die Erde als ein lebender Organismus einen Ätherkörper hat; darüber hinaus aber auch einen Astralkörper, mit dem sie empfinden kann, und nicht zuletzt einen Mentalkörper, der den eigentlichen Sitz ihrer planetarischen Intelligenz darstellt. Seiner Zeit weit vorauseilend, sah Leonardo in unserer Erde bereits einen Himmelskörper, einen Planeten neben vielen anderen, die alle um das gemeinsame Zentralgestirn Sonne kreisen: „Du in Deiner Rede hast zu schließen, dass die Erde ein Stern ist, so ähnlich wie der Mond - und so wirst Du den Adel unserer Welt beweisen..."[52]

Die Erde in Keplers Weltharmonik

Erst durch *Johannes Kepler* (1571–1630) erfuhr das kopernikanische Weltsystem die entscheidende Vervollkommnung und Vollendung. Die wesentliche Leistung Keplers besteht in der Erkenntnis der nach ihm benannten Gesetze der Planetenbewegung, vor allem die Erkenntnis, dass sich die Planeten nicht in Kreisbahnen, sondern vielmehr in Ellipsen um die Sonne bewegen. Ferner verhalten sich die Quadrate der Umlaufzeiten der Planeten wie die Kuben ihrer mittleren Entfernung von der Sonne – ein kosmisches Harmoniegesetz also, das durchaus im Einklang steht mit den Harmoniegesetzen der Musik, der Mathematik und der Philosophie. Kepler sucht allenthalben der Erfahrung zu ihrem Recht zu verhelfen, aber seine Theorienbildung ist von einer pythagoreisch-neuplatonischen, nicht von einer mechanistischen Naturanschauung getragen.

Die Erde als physisch-geistige Wesenheit ist ja bekanntlich Bestandteil eines noch größeren, noch umfassenderen Organismus, nämlich unseres heimischen Sonnensystems, das eine Art morphogenetisches Feld darstellt; aber auch dieses Sonnensystem ist – zusammen mit ungezählten anderen – eingebunden in die Lebens- und Bewusstseinssphäre der Galaxis. Die Erde als bewusstes Leben steht in ständiger Kommunikation mit anderen Planetengeistern, ja auch mit noch höheren kosmisch-galaktischen Intelligenzen, die den Lauf der Evolution in diesem Teil des Weltenalls überwachen.

Johannes Kepler war es gewohnt, die Erde im Zusammenhang mit solchen kosmisch-geistigen Bezügen zu sehen, und die von ihm betriebene wissenschaftliche Astronomie war stets eingebunden in eine höhere Sternenweisheit, die man als Astro- und Kosmosophie bezeichnen könnte. Bücher wie das hervorragende zweibändige Werk *Astrosophie* von Artur Schult oder diverse Schriften von Thomas Ring geben noch einen Eindruck von jener uralten esoterischen Sternenweisheit, deren meist zur Dekadenz verkommene praktische Seite das ist, was man heutzutage unter „Astrologie“ versteht. Richtig ist, dass Kepler zur Aufbesserung seines Lebensunterhaltes gelegentlich auch Horoskope erstellte, doch stand er der Vulgär-Astrologie äußerst skeptisch gegenüber.

Obgleich ein Vertreter des heliozentrischen (kopernikanischen) Weltsystems, interessierte sich Kepler doch für das Problem der Aspekte und für ihre Auswirkung auf menschliches, tierisches und sogar pflanzliches Leben. Unter Aspekten versteht man Winkel, die auf der Ekliptik wandernde Planeten zur Erde bilden, Einstrahlwinkel von kurzer oder langer Dauer, je nach Umlaufzeit der winkelbildenden Gestirne. Kepler sah diese Aspekte aufgenommen von einem „geometrischen Instinkt“ der *anima terrae* oder *Erdseele*, die - wie jedes lebende Wesen - auf diese Gestirneinflüsse auch reagiert: so ruft eine Jupiter-Mars-Konjunktion zum Beispiel heftige Stürme und Unwetter hervor. Kepler folgert daraus (in seinem *Werk Harmonices mundi* oder *Weltharmonik*, 1619), „dass also offensichtlich eine Art Seele existieren müsse, welche durch den Aspekt aufmerksam gemacht und gleichsam aufgerüttelt die Witterungserscheinungen und Stürme hervorruft.“[53]

Während die heutige Astrologie im Grunde genommen rein anthropozentrisch ist, indem sie die Gestirnaspekte ausschließlich auf den Menschen bezieht, hat Kepler in seiner *Weltharmonik* von 1619 den Ansatz zu einer Astrologie der Erde unternommen, wobei er allerdings die kühle unbestechliche Rationalität des Naturforschers stets beibehält. Für Kepler ist der uns bekannte, von uns bewohnte Erdenkörper vollständig durchdrungen von der Erdenseele, und diese muss seiner Meinung nach „nicht nur auf der Oberfläche der Erde sein, sondern auch in den unterirdischen Höhlungen des Erdinneren und den Gängen der Gesteine. Der Erdball muss demnach ein Körper sein von derselben Art wie der eines belebten Wesens; und was jedem Lebewesen die Seele ist, das muss der Erde jene gesuchte ‚Natur unter dem Monde' sein, die während der Dauer der Aspekte die Witterungswechsel hervorruft.“[54]

Der Ausdruck „Natur unter dem Monde", lateinisch *natura sublunaris*, meint die geistige Erde, einen okkulten Riesenplaneten, dessen Sphäre sich bis zur Mondumlaufbahn ausdehnt. Und kaum ein anderer Geist der Neuzeit hat so viel Grundlegendes über die übersinnlich-geistige Erde auszusagen gewusst als Kepler. In seiner *Weltharmonik* (Buch IV, Kap 7) handelt er ausführlich über unsere Mutter Erde, wobei er ihr alle Kennzeichen des Lebendigen - Organe und Sinne, Atmung, Tastsinn, selbst Gedächtnis und Erinnerungsvermögen! - zugesteht. Die Erdseele hält er für etwas gleichsam Feuriges, und da dieser planetarische Seelenkörper der Erde mit dem Leben des Kosmos innigst verbunden ist, trägt er ein Abbild des himmlischen Tierkreises in sich.

Die heutige Gaia-Hypothese, die den Erdplaneten als einen lebendigen Organismus sieht, wurde von Kepler im Jahre 1619 schon kühn vorweggenommen: „Da diese Analogie sich durchführen ließ, kam es, dass ich sie noch weiter trieb und auch die Körper der Lebewesen mit dem Körper der Erde verglich. Dabei fand ich, dass das Allermeiste, was an dem Körper eines Lebewesens davon zeugt, dass diesem eine Seele innewohne, auch am Körper der Erde zum Vorschein kommt. Wie nämlich der belebte Körper auf der Oberfläche der Haut Haare hervorbringt, so bringt die Erde Bäume und Pflanzen hervor, und wie dort Läuse entstehen, so gibt es hier Unkraut, verschiedenes Ungeziefer und Meeresungeheuer; (...) und wie in den Adern des Lebewesens Blut gebildet wird und zugleich mit ihm der Schweiß, der aus dem Körper getrieben wird, so finden sich in den Adern der Erde Metalle und Versteinerungen und der Dampf der Regengüsse."[55]

Das planetarische Selbst der Erde sieht Kepler als etwas Lichthaftes und Feuriges; aber es ist eher ein spirituelles Feuer, das tief im Erdinnern ruht und den Sitz der *Erdseele* darstellt. „Um nun gleich wie von einer ausgemachten Sache, dass in der Erde eine Seele wohne, zu der Erkenntnis ihres Wesens zu kommen: sie wird sicherlich nicht nur ein Licht sein, wie es Feuer oder Funken sind, die durch sich selbst sind und nicht durch irgendeine Beleuchtung durch die Sonne, von der uns die Planetenstrahlen in irgendeiner Weise Kunde geben, sondern vielmehr wie eine Flamme (die durch Atmung oder Einschlürfen genährt wird), was die dauernde und fühlbare unterirdische Hitze bezeugt, welche, ohne eine Seele vorauszusetzen, in wirklicher Weise (aktuell) keineswegs der bloßen Materie innewohnen kann. (...) Diese Flamme werden wir also gleichsam als die Materie der Erdseele bezeichnen, welcher an Stelle der Form ein Bildnis des göttlichen Antlitzes eingeprägt ist (...)"[56]

Die von Kepler hier geschilderte Erdseele, *anima terrae*, zeichnet sich vor allem aus durch Empfindungsfähigkeit. Der Organismus der Erde kann mit diesem planetarischen Empfindungsleib Lust und Unlust, Freude und Trauer, Wohlbehagen und Schmerz erleben; denn alles im Universum lebt, und alles Lebende hat Empfindungsfähigkeit. Während jedoch die Tiere, als schon fortgeschrittene Weltenwanderer auf dem Pfade der Evolution, einen individuellen Empfindungs- (oder Astral-)leib haben, sind die Pflanzen und Mineralien noch nicht zu einer solchen Selbständigkeit des Empfindungslebens gelangt; ihr Seelenleben ist noch Teil des planetarischen Seelenkörpers der Erde. Mit anderen Worten: Wer Pflanzen mit der Wurzel herausreißt, wer sich mit blinder roher Gewalt gegen die Natur versündigt, wer Bodenschätze ausplündert und Wälder rodet, der fügt der Erde Schmerz zu, und dieser Schmerz wird vom Organismus der Erde auch empfunden!

Es ist andererseits aber auch so, dass maßvoll betriebener Bergbau der Erde Wohlbehagen verursacht, ebenso das Abpflücken von Früchten oder die Ernte landwirtschaftlicher Produkte; denn gerne und freiwillig bietet sie ihre Früchte dar, die ja schließlich für die Ernährung menschlichen und tierischen Lebens geschaffen worden sind. Es kommt also darauf an, dass der Mensch lerne, die Gaben der Natur zu empfangen, ohne die Natur auszubeuten; dass er lerne, die von ihm geschaffene Technik einzusetzen, ohne der Erde damit Schaden zuzufügen, denn „Technik“ und „Ökologie“ bilden an sich keinen Gegensatz. Nur auf der Grundlage einer ökologischen Ethik, die unsere Erde als einen eigenständigen lebendigen Organismus anerkennt, kann eine Symbiose von Mensch und Schöpfung gedeihen - eine Partnerschaft des Menschen mit der gesamten belebten Natur!

Natur und Erde bei Goethe

Organisches Denken, anschauendes Denken - mit diesen Begriffen wird der von Johann Wolfgang Goethe (1749-1832) beschrittene Weg der Naturerkenntnis umschrieben. Anschauendes Denken bedeutet bei Goethe ein Denken, dessen Inhalte nicht aus dem Denken selbst - aus dem Intellekt - kommen, sondern aus geistiger Schau. Hier ist also eine Öffnung gegenüber dem Spirituellen gegeben. Geistige Schau meint die Fähigkeit, die geistigen Urbilder alles Seienden wahrzunehmen: lebendige Urgestalten und Formkräfte in der geistigen Welt, die formgebend, prägend und schaffend auf die Dinge der physisch-sinnlichen Welt einwirken. In diesen sind die geistigen Urbilder abbildhaft ausgedrückt und wiedergegeben. Wir haben es hier mit einer Weltkonzeption zu tun, in der Natur und Geist als untrennbare Einheit erkannt werden. Das Erstrangige und Schaffende ist aber immer der Geist. In einem kühnen Entwurf von ungeheurer Tragweite sollten Naturphilosophie, Naturwissenschaft und Geistes-Philosophie in einer einzigen großen Synthese vereint werden.

Diese - wenn wir so sagen wollen - ins Geistige erweiterte Naturwissenschaft wollten Goethe, Schelling, Novalis und ihre Mitkämpfer der rein mathematischen Naturwissenschaft von Newton und Descartes entgegenstellen. Die Arbeit an einer spirituellen Naturwissenschaft entsprang der Tiefe und dem inneren Auftrag des mitteleuropäischen Geistes, der in der Goethe-Zeit wohl seinen Höhepunkt erreicht hatte. Der Kampf Goethes gegen Newton - die Namen sind hier stellvertretend gemeint - war in Wahrheit ein Kampf zweier Weltmächte. Es war ein Kampf des Organischen gegen das Mechanische, des ganzheitlichen Wahrbewusstseins gegen die Analyse, des Lebens gegen die Abstraktion.

Organisches Denken ist gleichsam die Logik des Lebendigen, und damit auch des Bewegenden, Schaffenden: der geheime Sinn allen Seins und Werdens, der dem zergliedernden Verstandesdenken stets unzugänglich bleiben muss. Und richtungsweisend für alle Naturwissenschaftler, wie überhaupt für alle, die zu einer Erfahrung des Lebendig-Wirklichen gelangen wollen, sind die folgenden Goethe-Worte (zu Eckermann), die geradezu den Wesenskern der organischen Weltanschauung wiedergeben: „Die Gottheit ist wirksam im Lebendigen, aber nicht im Toten; sie ist im Werdenden und sich Verwandelnden, aber nicht im Gewordenen und Erstarrten. Deshalb hat auch die Vernunft in ihrer Tendenz zum Göttlichen es nur mit dem Werdenden, Lebendigen zu tun, der Verstand mit Gewordenem, Erstarrtem, dass er es nutze."[57]

Mensch und Erde bilden eine innige Schicksalsgemeinschaft. Aber die einseitige Überzüchtung des Verstandesdenkens, welches die Allverbundenheit des Lebens nicht mehr zu gewahren vermag, sondern sich in eine künstliche Welt toten abstrakten Begriffsdenkens flüchtet, hat uns die Gemeinschaft allen Lebens vergessen lassen. Der Rationalismus und Intellektualismus, die ganze Verstandeskultur der europäischen Neuzeit, die Technik- und Fortschrittsbegeisterung, all dies ist im Grunde eine „Logik des Anorganischen", die uns vom Leben immer weiter wegführt. Die nur verstandesmäßige Betrachtung der Weltphänomene ist eine rein mechanische. Dies führt dann so weit, dass man selbst lebende Organismen für eine Art selbsttätige Maschinen hält, die von biochemischen Kräften angetrieben werden. Hier ist jeglicher Sinn für das Organische verloren gegangen. Jeglicher Sinn dafür, dass das Leben eigentlich ein heiliges Mysterium ist, das nicht mit dem Verstande erfasst und nicht in den engen Rahmen einer chemischen oder mathematischen Formel gepresst werden kann.

Die Naturforschung hat im Leben und Schaffen Goethes den breitesten Raum eingenommen, wobei seine Formulierung der Idee von der Urpflanze (erstmals in der Abhandlung *Metamorphose der Pflanzen*, 1790), seine Entdeckung des Zwischenkieferknochens im menschlichen Schädel wie auch seine lebenslange Beschäftigung mit der Farbenlehre seine Bedeutung als Forscher und Wissenschaftler einigermaßen erkennen lassen. Hinter der Person Goethes steht eine geistige Weltmacht, der Goetheanismus. Eine Erneuerung und schöpferische Weiterentwicklung des Goetheanismus, der goetheanischen Denkweise und Erkenntnisart ist eine der großen Aufgaben unserer Zeit! Der Goetheanismus ist vor allem und in erster Linie eine Erkenntnismethode, und zwar eine, die darauf abzielt, die Spaltung von Subjekt und Objekt, Ich und Welt, Innen und Außen zu überwinden; denn jenseits aller Gespaltenheit liegt eine umfassende Einheit im Geiste. In diesem Sinne sagt Goethe in seinem Gedicht *Epirrhema* (1818/19):

Müsset im Naturbetrachten
Immer eins wie alles achten:
Nichts ist drinnen, nichts ist draußen;
Denn was innen, das ist außen.
So ergreifet ohne Säumnis
Heilig öffentlich Geheimnis.[58]

Die Natur erschöpft sich nicht im Äußerlichen, sondern die Natur hat auch eine innere, spirituelle, transzendente, mystische Seite; denn das Wesenhafte der Natur liegt im Verborgenen. Nur eine Einweihung in höhere Seins- und Bewusstseinszustände kann die inneren Sinne des Menschen öffnen und somit den geistigen Wesenskern der Natur sichtbar machen. Einen solchen Natur-Einweihungs-Weg beschreibt Goethe im zweiten Teil seines Dramas *Faust*, und zwar im Bilde von Fausts *Gang zu den Müttern*, der einen Gang zum Herzen der Erde, zur Wesensmitte der Erde darstellt. „Die Mütter! Mütter! - s'klingt so wunderlich", sagt Faust, und Mephisto erklärt ihm:

Göttinnen thronen hehr in Einsamkeit
Um sie kein Ort, noch weniger eine Zeit;
Von ihnen sprechen ist Verlegenheit.
Die Mütter sind es![59]

Über ein Gespräch mit Goethe, das am 10. Januar 1830 über Fausts Hinabstieg zu den Mütter-Gottheiten geführt wurde, notierte Eckermann: „Könnte man sich den ungeheuren Weltkörper unserer Erde im Inneren als leeren Raum denken, so dass man Hunderte von Meilen in einer Richtung darin fortzustreben vermöchte, ohne auf etwas Körperliches zu stoßen, so wäre dieses der Aufenthalt jener unbekannten Göttinnen, zu denen Faust hinabgeht. Sie leben gleichsam außer allem Ort, denn es ist nichts Festes, das sie in einiger Nähe umgibt; auch leben sie außer aller Zeit, denn es leuchtet ihnen kein Gestirn, welches auf- oder unterginge und den Wechsel von Tag und Nacht andeutete."[60] Faust erhält nun von Mephisto einen Schlüssel, der ihm den Weg zu den urmütterlichen Mächten der Erde eröffnen soll. In das Innere der Erde soll Faust hinuntersteigen:

Ein glühnder Dreifuß tut dir endlich kund,
Du seist im tiefsten, allertiefsten Grund.
Bei seinem Schein wirst du die Mütter sehn:
Die einen sitzen, andre stehn und gehn,
Wie's eben kommt. Gestaltung, Umgestaltung
Des ewigen Sinnes ewige Unterhaltung,

Umschwebt von Bildern aller Kreatur.
Sie sehn dich nicht, denn Schemen sehn sie nur.[61]

Die Mütter sind eindeutig Mächte der Tiefe, Wächterinnen und Hüterinnen der Erdenseele, aber wohl auch untergründige Mächte der Vegetation und Fruchtbarkeit. Hier die Deutung Eckermanns: „So in ewiger Dämmerung und Einsamkeit beharrend, sind die Mütter schaffende Wesen, sie sind das schaffende und erhaltende Prinzip, von dem alles ausgeht, was auf der Oberfläche der Erde Gestalt und Leben hat. Was zu atmen aufhört, geht als geistige Natur zu ihnen zurück, und sie bewahren es, bis es wieder Gelegenheit findet, in ein neues Dasein zu treten. Alle Seelen und Formen von dem, was einst war und künftig sein wird, schweift in dem endlosen Raum ihres Aufenthaltes wolkenartig hin und her; es umgibt die Mütter, und der Magier muss also in ihr Reich gehen, wenn er durch die Macht seiner Kunst über die Form eines Wesens Gewalt haben und ein früheres Geschöpf zu einem Scheinleben hervorrufen will."[62]

Goethe oder Newton? Heute spricht man bereits vom Niedergang des newton-cartesianischen Weltbildes, und zwar sind es gerade die Naturwissenschaftler, die jetzt eine Abkehr von dem alten mechanistischen Weltbild fordern. In der Physik hat seit dem Beginn unseres Jahrhunderts eine geistige Revolution ohnegleichen stattgefunden. Albert Einsteins Relativitätstheorie war das Anfangsfanal. Die bis dahin grundlegend geltenden Begriffe von „Raum" und „Zeit", „Energie" und „Materie" mussten umgeworfen werden. Ob die Physik nun in das Neuland der vierten Dimension vorstößt oder ob sie in die Welt der kleinsten subatomaren Teilchen vordringt, überall betritt sie Grenzgebiete des menschlichen Wissens, wo sie ahnungsvoll einen Hauch von göttlicher Transzendenz wahrnimmt. Ja, der moderne Naturforscher kann wieder zum Gottsucher werden. Die vom Goetheanismus schon früh vorweggenommene Synthese von Natur- und Geisteswissenschaft ist heute aktueller als je zuvor.

Jakob Lorber – der Prophet

Jakob Lorber war ein begnadeter Hellseher, der grundlegende Einsichten über das Wechselgefüge von Mensch, Erde und Kosmos erlangt hat. Seine gewaltige prophetische Schau, die letzten Endes in einem kosmischen Christentum gipfelt, wird auch als *Neuoffenbarung* bezeichnet. Aus bäuerlichen Lebensverhältnissen stammend, wurde er am 22. Juli des Jahres 1800 in Kanischau, einem kleinen Ort in Jugoslawien, geboren. Er besuchte eine Lehrerbildungsanstalt und wurde zunächst Dorfschullehrer; später ergriff er noch den Beruf des Musiklehrers und Konzertpianisten. Seine Berufung erlebte er am 15. März 1840, als eine Stimme aus der übersinnlichen Welt klar und deutlich zu ihm sprach, und diese Stimme sagte zu ihm: Nimm Deinen Griffel und schreibe! Von diesem Zeitpunkt an, von 1844 bis 1864, schrieb Lorber sein Lebenswerk nieder, das rund 10.000 Manuskriptseiten umfasst - erst 13 Jahre nach seinem Tod, im Jahre 1877, konnte es gedruckt werden.

Das Werk Lorbers, das eine Kundgabe aus der Geistigen Welt darstellt, enthält Erkenntnisse auf naturwissenschaftlichem Gebiet, die sich in jüngster Zeit überhaupt erst als wahr erwiesen haben. Die Neuoffenbarung Lorbers ist eine Synthese von Naturwissenschaft und esoterischer Geistesschau, wobei die Natur aber immer vom Geist her verstanden wird. Der Geist ist immer das Erstrangige, das Primäre, das Schaffende. Aus solcher Sicht erscheint auch der Planet Erde als der materielle Ausdruck von etwas Geistig-Urbildhaftem. In seinem Buch *Erde und Mond*, 1847 geschrieben, beschreibt er den Planetenkörper der Erde in allen Einzelheiten, und zwar als einen durchaus menschenähnlichen Organismus, in dem Organe und pulsierende Kräfte in harmonischem Zusammenwirken ein geistbeseeltes Ganzes bilden.

Die Erde ist zunächst einmal - wie jedes Lebewesen im Weltraum - ein zweipoliges Wesen; sie besitzt einen Nord- und einen Südpol. Der Nordpol ist im Organismus der Erde der Öffnungspunkt gegenüber den höheren übersinnlich-geistigen Welten, der Südpol dagegen ist der Sammlungs- und Konzentrationspunkt der Vitalkräfte. Dazwischen spannt sich die Längsachse auf. Beim Menschen entspricht der Nordpol der Kopf-Scheitel-Region; der Südpol des Menschen liegt in seinem Beckenraum. Weitere Unterpole sind auf der Längsachse zwischen Nord und Süd aufgereiht. Die beiden Hauptpole und die dazugehörigen Unterpole sind nicht nur für den physischen Organismus eines Lebewesens von Bedeutung, sondern ebenso auch für seinen ätherischen Organismus, den wir in seiner Gesamtausstrahlung als die Aura eines Lebewesens bezeichnen. Lorber sieht den Nordpol der Erde als positiv-männlich und den Südpol als negativ-weiblich: „Beide Pole bleiben in Hinsicht auf die Hauptwirkung der Erde stets, wie sie sind, nämlich der Südpol negativ und der Nordpol positiv oder der eine anziehend und der andere abstoßend. Das hat zur Folge, dass solche ungleichen Pole sehr gut nebeneinander existieren können, denn der eine Pol ist der Geber und der andere der Empfänger. Bei diesem Polverhältnis tritt die Wechselwirkung stark hervor. In seiner Ausmündung ist der positive Nordpol der Empfänger, weil er die gesamte Nahrung für den Erkörper in sich aufnimmt. Der Südpol dagegen ist in seiner Ausmündung derjenige, der von außen her nichts aufnimmt, sondern nur ausgibt."[63]

Denn: „Im Nordpol ist des Erdkörpers Hauptnährmund und im Südpol sein Hauptentleerungskanal."[64] Auf der südlichen Erdhälfte, die insgesamt eher die weibliche Seite ist, sieht Lorber schließlich auch die Zeugungs- und Gebärorgane des Erdenkörpers: „Das Hauptzeugungsorgan ist der stark aufgewulstete Südpol. Nach diesem Zeugungsorgan ist die Erde weiblich, weil der Südpol negativ-polar ist. Die Erde, so als Weib betrachtet, ist nur fähig zur Aufnahme der Zeugung. Wer zeugt da mit der Erde? Die Sonne mit ihrer entgegengesetzten polarischen Kraft. Und was zeugt sie oder was hat sie gezeugt? Ein Hauptkind der Erde, auf diese Weise gezeugt, ist der Mond, das älteste Kind dieses tellurischen Weibes."[65]

Neben Beckenraum und Kopf, dieser männlich-weiblichen Polarität im Organismus, ist das Herz wohl das hauptsächlichste Organ eines jeden Lebewesens. Art und Aufbau des Erdherzens wird von Lorber ausführlich beschrieben: ein gewaltiges, ewig pulsierendes Lebensorgan, geformt aus feinster feinstofflich-substanzieller Materialität, ständig sich frei hin- und her bewegend im materiellen Planetenkörper der Erde. Allein über die räumliche Größe und Ausdehnung des Erdherzens werden von Lorber nur ungefähre Angaben gemacht: „Jedoch kann seine Größe nicht genau bestimmt werden, weil es sich je nach Notwendigkeit bald ausdehnt, bald zusammenzieht. Im Durchschnitt beträgt der Durchmesser des Erdherzens etwa 750 km. Er kann sich aber bis auf 1500 km erweitern oder bis auf etwa 375 km zusammenziehen."[66]

Neben dem Erdherzen kennt Lorber noch andere Geistorgane der Erde, die im menschlichen Organismus der Niere, der Milz und dem Magen, der Leber und der Lunge entsprechen würden. Es ist überall in der Erde ein lebendiges Pulsieren, ein Kräfteströmen und Energiefließen, denn alle Geistorgane der Erde stehen in enger Wechselbeziehung zueinander; sie alle bilden ein organisches Ganzes. Es ist nicht bloßer Aberglaube, wenn in alten Volksüberlieferungen und im Weltbild der Naturvölker unser Heimatplanet *Mutter Erde* genannt wird. Wer mit den Augen des Geistes die Geheimnisse der Natur betrachtet, der wird nichts Totes, Starres, Unlebendiges in ihr vorfinden; denn Leben ist Geist. Mit den Worten von Thorwald Detlefsen: „Der Mensch ist nur Zelle in einem Organismus, den wir Planet Erde nennen. Wie alle Planeten, so ist auch die Erde eine individuelle Intelligenz und besitzt nicht nur einen Körper, sondern auch Bewusstsein. Wäre dies nicht der Fall, würden wir keinen intakten Planetenkörper vorfinden, sondern eine Planetenleiche. Gleichwie ein toter menschlicher Körper zerfällt, zerfällt auch der Körper eines toten Planeten, wie wir es beispielsweise im Asteroidengürtel vorfinden."[67]

Die Erde in der Theosophie

Was versteht man eigentlich unter „Theosophie"? Sie ist die Uralte Weisheitsreligion, die es schon immer gab, die immer ist und sein wird. Sie ist ein Erkenntnisweg, der dem strebenden Menschen dazu verhilft, das Göttliche im eigenen Inneren mit dem Göttlichen im All zu verbinden. Sie ist das Wissen der Adepten, das diese seit jeher verwendet haben, um höhere Bewusstseins-Zustände zu erreichen. Sie ist ein lebendiges Geisteswissen, aber nicht ein Dogma, das irgendjemand einmal aufgestellt hat. Sie ist schließlich der unvergängliche Wahrheitskern, der allen Weltreligionen als gemeinsames Erbe zugrunde liegt.

Es gibt nach den Erkenntnissen der Theosophie insgesamt sieben Wesensglieder der Erde, die wir auch als ihre *Globen* bezeichnen. Denn jedes dieser Glieder, oder planetarischen Leiber, bildet in der Tat einen eigenen *Globus*, der den physischen Planeten Erde umgibt, ihn durchdringt und zugleich nach allen Richtungen hin überstrahlt. Es gibt *sieben* solcher Globen, die den sieben Hierarchie-Ebenen des Universums entsprechen. In der nachfolgenden Skizze haben wir in der linken Spalte die Ebenen des Universums und in der rechten die entsprechenden Globen der Erde:

Die physische Ebene	Planetenkörper der Erde
Die emotionale Astral-Ebene	Astralkörper der Erde
Die mentale Manas-Ebene	Mentalkörper der Erde
Die Buddhi-Ebene	Intuitionskörper der Erde
Die geistige Atmische Ebene	Atma (Selbst) der Erde
Die monadische Ebene	Geist-Monade der Erde
Die göttliche Logos-Ebene	Der Logos der Erde

Diese sieben Globen bilden in ihrem Ineinanderwirken ein geistlebendiges Ganzes, eine *Planetenkette*. Die physisch sichtbare Erde ist nur der unterste Globus im Gefüge einer insgesamt siebenfältigen Planetenkette, in deren Mittelpunkt ein mächtiger planetarischer Logos steht. William Q. Judge (1851–1896), ein engerer Mitarbeiter von Madame Blavatsky und Mitbegründer der Theosophischen Gesellschaft im Jahre 1875, schrieb in *Das Meer der Theosophie*, 1893 erschienen, die von uns bewohnte Erde sei „ein Wesen und nicht nur ein Klumpen von roher Materie. Und da sie ein Wesen von siebenfältiger Natur ist, muss es folglich noch sechs andere Globen geben, die mit uns im Raum dahinrollen. Diese sieben Erdgloben sind die ‚Erdkette', die ‚Planetarische Kette' genannt worden. (....) Alle sieben ‚Globen' bilden zusammen eine einzige Masse, eine große Kugel, und sie durchdringen einander."[68]

Annie Besant, die spätere Präsidentin der Theosophischen Gesellschaft, schreibt in *Uralte Weisheit*: „Diese sieben Globen bilden einen Planeten-Ring oder eine planetarische Kette; diese Kette – für diesen Zweck als ein Ganzes, sozusagen als eine Wesenheit, als ein planetarisches Lebewesen oder Individuum aufgefasst – geht im Laufe ihrer Entwicklung durch sieben verschiedene Stufen."[69] Der Begriff der „Planetenkette" besitzt in der Theosophie allergrößte Bedeutung; er will besagen, dass im Rahmen der Kosmischen Evolution unsere gegenwärtige Erde mit ihren sieben Globen die *Reinkarnation* oder *Wiederverkörperung* einer älteren Planetenkette ist, die in einem früheren Schöpfungszyklus einmal existiert hat. Die verschiedenen Globen der früheren, gegenwärtigen und künftigen Planetenketten stellen das Terrain dar, auf dem sich die Evolution der göttlichen Geistfunken abspielt.

Die Theosophie bestätigt also nochmals die Ebenbildlichkeit von Mensch und Erde. Wenn der Mensch eine lebendige Ganzheit ist, in der Körper und bewusste Intelligenz sich gegenseitig durchdringen, dann ist dies bei der Erde auch der Fall. Wie der Mensch besitzt die Erde nicht nur einen physischen Körper, sondern auch einen Ätherleib, einen Astralkörper, einen Gedankenkörper – kurzum, unsichtbare Körper auf allen Ebenen des Kosmos. Ist der physische Körper der Planet Erde selbst, so dient ihr der Ätherkörper als Sitz aller lebensspendenden Wachstums- und Vegetationskräfte, die das Blü-

	Die Globen der Erde A bis G auf den Welt-Ebenen
Die Mental-Welt	A G
Die Astral-Welt	B F
Die Welt des Äthers	C E
Die materi-elle Welt	D

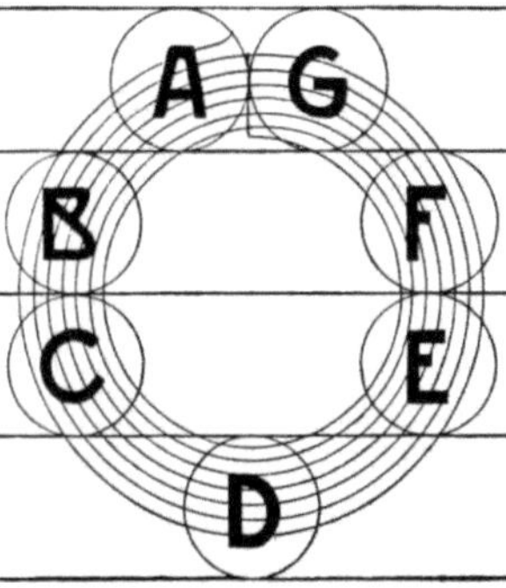

hen und Gedeihen auf der Erdoberfläche ermöglichen. Mit ihrem Astralkörper kann die Erde empfinden, und der Gedankenkörper ist der Sitz ihrer planetarischen Intelligenz, die nicht für sich allein dasteht, sondern den physischen Planetenkörper der Erde ganz und gar durchdringt, ähnlich wie beim Menschen die bewusste Intelligenz bis in die kleinsten Körperzellen hinabreicht.

Mit den Begriffen *Ätherleib, Astralleib, Gedankenleib,* usw. werden die höheren übersinnlichen Wesensglieder der Erde angesprochen. Das Physisch-Organische der Erde befindet sich im Mittelpunkt eines konzentrischen Systems ineinanderwirkender Kraftfelder, das wir in seiner Gesamtheit als die *Aura der Erde* bezeichnen. Es ist eine Aura aus ätherischen und astral-mentalen Kraftfeldern, die sich weit in den Weltraum hinaus ausdehnt, ungefähr bis zur Mondumlaufbahn. Die Erden-Aura bildet also einen okkulten Riesenplaneten, der an Ausdehnung bei weitem den Raum überschreitet, den der physisch wahrnehmbare Planet Erde einnimmt.

Die planeterische Intelligenz der Erde bildet den eigentlichen geistig-göttlichen Wesenskern des Planeten, der sich in einem Zyklus wiederholter Erden-Inkarnationen stufenweise höherentwickelt.

Die Erde nach Rudolf Steiner

Trotz aller Theorien über die Beschaffenheit des Erdinneren steht die Geophysik - die Wissenschaft vom Aufbau unseres Planeten - immer noch vor unlösbaren Rätseln, zumal da menschlichem Vordringen in die Erdentiefen von Natur aus Grenzen gesetzt sind. Ein viel eingehenderes Bild von Struktur und Aufbau des Erdeninneren vermag uns die esoterische Geistesforschung zu geben, die aus geistiger, übersinnlicher Sicht gerade auch das Zusammenspiel der Tiefenschichten unseres Planeten mit den höheren metaphysischen Ebenen des Universums aufzuzeigen vermag. In geistiger Sicht ist die Erde ein lebendiger kosmischer Körper, ausgestattet mit Organen und Wesensgliedern wie der Mensch selbst - eine innere Wunderwelt, in der gewaltige Elementarkräfte als Ausdruck eines planbeseelten Entwicklungsplanes auftreten.

Die Erkenntnisse über die geistigen Wesensschichten der Erde, die hier mitgeteilt werden, entstammen der Anthroposophie *Rudolf Steiners* (1861-1925), der zusammen mit Leonardo da Vinci, Johannes Kepler und Goethe als Pionier und Vorreiter einer ins Spirituelle erweiterten Naturwissenschaft und Naturforschung gelten darf.

Nach geophysikalischer Ansicht gibt es eigentlich nur drei Erdschichten: eine dünne, festversteinerte „Erdkruste"; einen zähflüssigen, etwa 3000 Kilometer dicken „Erdmantel" und darunter einen gasförmigen, siedend heißen „Erdkern" mit Temperaturen bis zu 6000° Celsius; die Theorie vom harten Eisen-Nickel-Kern der Erde wurde inzwischen schon aufgegeben. Rudolf Steiner geht im Wesentlichen aus von der großartigen Vision der Theosophie, von der Erde als einer „Planetenkette", die unsichtbare höhere Globen enthält. Nach Steiner gibt es jedoch nicht sieben, sondern, entsprechend seinem Menschenbild, insgesamt neun Wesensglieder der Erde, die schichtenweise übereinander liegen und nach Innen in Bezug auf Feinstofflichkeit und Selbst-Bewusstheit immer mehr zunehmen. Sie heißen:

Mineralische Schicht
Lebensschicht
Bewusstseinsschicht
Formschicht
Fruchtschicht
Wärmeschicht
Spiegelschicht
Atomistische Schicht
Der Planetar-Geist

Die Mineralische Schicht, die geologisch mit der 15 bis 50 Kilometer dicken Erdkruste gleichzusetzen ist, entspricht auf kosmischer Ebene der grobstofflich-materiellen Welt. Sie ist auch physisch am meisten verdichtet. Die beiden darunter liegenden Schichten, die flüssige und die Luft-Erde, stehen makrokomisch in Bezug zur feinstofflich-ätherischen Welt und zur Astralwelt. Die Formschicht entspricht im Aufbau des Kosmos der niederen Geisteswelt, die Fruchtschicht der höheren Geisteswelt. Die drei noch tieferen Schichten sind mit geheimnisvollen Fäden mit drei Ebenen in der Welt der göttlichen Urgeister zusammengewoben, und der Erd-Kern als Sitz des Planetargeistes steht direkt in Verbindung mit der geistigen Ur- und Zentralsonne. Ein Gang durch die Wesensschichten Erde ist also zugleich ein Gang durch die höheren makrokosmischen Geistes- und Gotteswelten.

Seit Urzeiten gab es in Europa, Vorderasien und Altindien Erdmysterien, in denen der Initiand auf einem Pfad stufenweiser Einweihung durch die geistigen Wesensschichten der Erde hindurchgeführt und damit auch mit den entsprechenden höheren Himmelsebenen in Bezug gesetzt wurde. Solches geschah in den geheimen Mysterien der Demeter, der Isis und der Kybele wie auch in den Einweihungen der Nerthus, Dana und Brighid; der Weg hinab zur Wesensmitte der Erde war jenen Eingeweihten immer auch ein Weg zum höchsten göttlichen Urprinzip. Denn die Mächte der Höhe sind mit jenen der Tiefe eng verbunden, und Fausts Gang zu den Müttern, sein Herabstieg zur Wesensmitte der Erde, war auch eine Himmel-

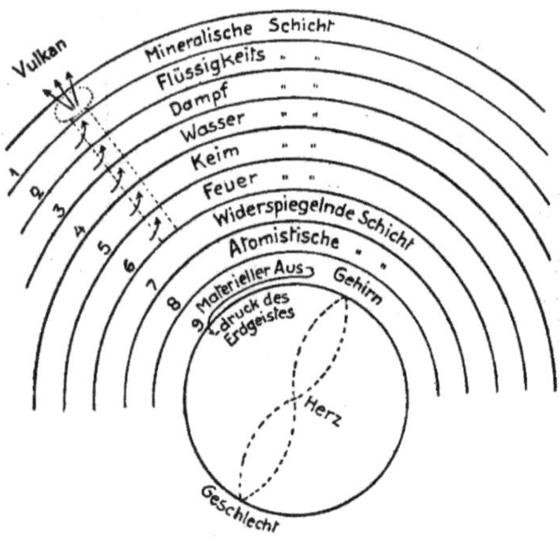

fahrt oder ein Gang durch die urbildhaften Geistesreiche. Wenn die heutigen Geologen wüssten, welche gewaltigen Geisteskräfte in den tieferen Erdschichten wirksam sind!

Anthroposophen, Theosophen und Rosenkreuzer stimmen darin überein, dass die Erde ein lebendiges Wesen ist, das einen planetarischen Empfindungsleib besitzt, mit dem sie Lust und Unlust, Freude und Schmerz erfühlt. Max Heindel sagt in seinem Werk *Die Weltanschauung der Rosenkreuzer,* dass „es keine Tat ob groß oder klein gibt, die nicht durch das Weltall empfunden wird, und wenn es der Stein nicht fühlt, der keinen getrennten Empfindungs-Leib hat, so fühlt es der Geist der Erde, weil der Empfindungs-Körper der Erde den Stein durchdringt. Wenn sich ein Mensch den Finger abschneidet, so empfindet den Schmerz nicht der Finger, der keinen besonderen Empfindungs-Leib hat, sondern der Mensch, dessen Empfindungs-Leib den Finger durchdringt. Wenn man eine Pflanze mit den Wurzeln ausreißt, so empfindet der Geist der Erde denselben Schmerz, als wenn man uns ein Haar ausreißt. Diese unsere Erde ist ein lebender Körper“[70].

Die Chakren der Erde

Im Ätherkörper des Menschen, dem feinstofflichen Doppelbild des physischen Körpers, kann man zuweilen sieben schwach leuchtende, scheibenförmige Zentren erblicken, senkrecht längs der Wirbelsäule aufgereiht, im okkulten Sprachgebrauch *Chakren* (von Sanskr. *chakram* = Rad) oder Lotosblumen genannt. Den Chakren entsprechen im Körper Nervenzentren und endokrine Drüsen, ferner Charakter-Eigenschaften und Seelenvermögen, aber auch Ätherströme, Planetenkräfte, Farben, Töne, und nicht zuletzt sind die Chakren auch Schnittstellen oder Verbindungsglieder zu den höheren spirituellen Körpern des Menschen und den entsprechenden Welt-Ebenen. So gesehen kann man die Chakren als Dimensionstore zu höheren Seins-Ebenen bezeichnen. Die Namen der Chakren und ihre Positionen sind folgende:

Scheitel-Ch.	Sahasrara-Ch.	Schädeldach
Stirn-Chakra	Ajna-Ch.	Nasenwurzel
Hals-Chakra	Vishudda-Ch.	Kehlkopf
Herz-Chakra	Anahata-Ch.	Brustmitte
Milz-Chakra	Manipura-Ch.	Sonnengeflecht
Nieren-Ch.	Swadhistana-Ch.	Oberbauch
Wurzel-Ch.	Muladhara-Ch.	Beckenraum

Die sieben Chakren bilden einen festen Bestandteil im Organismus des menschlichen Ätherkörpers. Sie stehen untereinander durch Kraftströme in Verbindung, und zwar fließt die *Prana*-Energie durch einen mittleren Hauptkanal, *Sushumna* genannt, von unten nach oben dem Verlauf der Wirbelsäule folgend, sowie durch zwei Nebenströme, den kalten Mondstrom *Ida* den heißen Sonnenstrom *Pingala*. Die drei Kanäle Sushumna, Ida und Pingala bilden in ihrem Zusammenwirken ein einziges, ständig fließendes Strömungssystem. Überdies zweigen von diesen Hauptkanälen sowie von den Chakren selbst zahlreiche Nebenkanäle ab, *Nadis* genannt, die buchstäblich in jede Zelle des Körpers fließen, um sie mit lebenerfüllter Prana-Kraft zu versorgen.

In unserem Zusammenhang ist es besonders interessant, dass auch unser Heimatplanet Erde ein weitverzweigtes System von Chakren und Nadis besitzt, also von feinstofflichen Zentren und Kanälen, denn die Erde ist ja ein Organismus wie der Mensch selbst, lebendig und durchpulst von kosmischen Energien. So muss auch die Erde mit ihrem mundartig geöffneten Wurzel-Chakra am Südpol den ständigen Kraftstrom solaren Pranas aufnehmen, um ihn durch das Netz der Nadis in alle Teile des Körpers zu senden, denn sonst könnte die Erde kein lebenerfüllter Organismus sein.

Bei einem planetarischen Logos sieht es allerdings so aus, dass dieser weder drei, noch sieben, sondern zwölf Chakren besitzt, die sich in sieben Haupt- und fünf Neben-Chakren aufteilen. So bildet das Chakren-System der Erde einen Dodekaeder, ein Zwölfeck. Die Kundalini-Kraft der Erde sitzt am Südpol, der Sushumna-Kanal verläuft längs der Erdachse, der heiße Sonnenstrom Pingala fließt in der westlichen Hemisphäre, der kalte Mondstrom Ida in der östlichen. Ein System von Nadis verbindet die Erd-Chakren miteinander. Die sieben Haupt-Chakren der Erde können mit denen des Menschen verglichen werden. Sie bilden „Kraftorte" mit vorgeschichtlichen Kultstätten:

Scheitel-Ch.	Nordpol	----------------
Stirn-Ch.	Nordeuropa	Stonehenge
Hals-Ch.	Ägypten	Pyramiden
Herz-Ch.	Tibet	Lhasa
Milz-Ch.	Südamerika	Machu Picchu
Nieren-Ch.	Australien	Ayers Rock
Wurzel-Ch.	Südpol	----------------

Die Kenntnis der Erd-Chakren zeigt uns die Erde als einen lebendig-beseelten Organismus, und durch das Wissen um die Kultstätten erahnen wir etwas vom Geheimnis der frühen Hochkulturen. Von einigen Haupt-Chakren der Erde zweigen energetische Kanäle zu den fünf Neben-Chakren ab, die ihrerseits mit vorgeschichtlichen Kultstätten verbunden sind. Bei der Betrachtung des Energiekörpers der Erde gehen wir von folgender Anordnung aus:

Neben-Chakra	**Position**	**Zuordnung**
Osterinsel	Pazifik	Machu Picchu
Yucatan	Mittelamerika	Pyramiden
Externsteine	Mitteleuropa	Stonehenge
Delphi	Südeuropa	Externsteine
Jerusalem	Naher Osten	Pyramiden

Von den Pyramiden - den ägyptischen - führt demnach ein energetischer Verbindungsweg nach Mittelamerika und einer nach Jerusalem. Stonehenge steht in Verbindung mit den Externsteinen, und diese mit dem Orakel von Delphi in Südeuropa. Die Osterinsel im Pazifik ist ein Nebenchakra des großen südamerikanischen Kultortes Machu Picchu, der alten Inkastadt in Peru. Wenden wir die Chakrenwissenschaft auf die Erde insgesamt an, so bemerken wir auch hier wieder die durchgehende Gestaltähnlichkeit von Mensch und Erde, denen offensichtlich dasselbe Muster zugrunde liegt. Wobei der Mensch in seiner Geistebenbildlichkeit nur ein Abbild des großen kosmischen Universalmenschen ist, des *Adam Kadmon*, der sich im Laufe künftiger Evolutionszyklen zum Kosmischen Christus hochentwickeln wird.

Die Vision der Tiefenökologie

Geboren wurde der Ökologie-Begriff in einem Zeitalter, das sich wie kein anderes dem technologischen Fortschrittstaumel verschrieben hatte: mitten im 19. Jahrhundert. Es war der Biologe und Entwicklungsforscher Ernst Haeckel (1834–1919), der in seinem Werk *Generelle Morphologie der Organismen*, erschienen 1866, erstmals das Wort Ökologie zur Bezeichnung eines neuen Wissenschaftszweiges prägte: „Unter Oecologie verstehen wir die gesammte Wissenschaft von den Beziehungen der Organismen zur umgebenden Aussenwelt, wohin wir im weiteren Sinne alle ‚Existenz-Bedingungen' rechnen können. Diese sind theils organischer, theils anorganischer Natur..."[71]

Seit Haeckel hat die Ökologie, die nach der Stellung des Organismus „in der Oeconomie des Naturganzen" fragt, als Unterdisziplin der Biologie gegolten. Diese wurde noch rein materialistisch-mechanistisch im Sinne Darwins aufgefasst. Nach Haeckel ist der Begriff der Ökologie in einen Dornröschenschlaf gesunken, aus dem er erst Anfang der 1970er Jahre - angesichts der globalen Umweltkrise - wieder erweckt wurde. Aber nun wurde dem Begriff ein viel weiterer Sinn gegeben: nicht bloß eine Unterdisziplin der Biologie wollte man in der Ökologie sehen, sondern eine universale Wissenschaft des Lebendigen überhaupt, die zahlreiche Einzelwissenschaften in sich schließt.

In diesem Sinne schrieb Herbert Gruhl: „Da ‚Oikon' auf Griechisch ‚das Haus' bedeutet, befasst sich die Ökologie mit dieser unserer Wohnstatt, der ganzen Erde. In der Antike hieß die Erde ‚Oikumene', ‚die Bewohnte'. Somit umfasst die Ökologie heute die Bereiche der Biologie, Geographie, Geologie, Zoologie, Botanik, Land- und Forstwirtschaft, Meereskunde, Klimatologie, Erdgeschichte, Medizin, Psychologie, aber auch die Grundlagen, welche von der Chemie, der Physik und der Mathematik geliefert werden. Und schließlich gehört auch die Ökonomie dazu und natürlich die Politik. Die Ökologie ist heute die umfassende Lehre vom irdischen Leben."[72]

Im weitesten Sinne meint „Ökologie" eine universale Vernetzungswissenschaft, die nach Erkenntnis des Ganzen strebt, wobei die herkömmlichen Trennungslinien zwischen Natur- und Geisteswissenschaften nicht mehr respektiert werden. Neben der Bio-Ökologie haben wir heute eine Human- und Sozialökologie, eine politische, ja selbst eine spirituelle Ökologie. Nicht Einzelerkenntnis wird angestrebt, sondern die Kenntnis der Wechselbeziehung all dieser Bereiche - Ökologie als Ganzheitswissenschaft schlechthin!

An diesem Punkt setzt nun die Tiefenökologie (engl. *Deep Ecology*) ein. Sie entspricht ziemlich genau dem, was die amerikanische Autorin Doris La Chapelle seinerzeit unter dem Begriff *Ökosophie* verstanden hat: „Sophie kommt vom griechischen Begriff *sophia*, ‚Weisheit', der sich auf Ethik, Normen und Regeln und ihre Anwendung bezieht. Ökosophie beinhaltet eine Verlagerung von Wissenschaft auf Weisheit. Öko ist vom griechischen *oikos* hergeleitet, was Haushalt bedeutet und letztlich den Erdhaushalt oder die Biosphäre meint. Die Änderung der Benennung von Ökophilosophie in Ökosophie ist ein nützlicher Schritt, weil das Wort Philosophie, genaugenommen ‚Liebe zur Weisheit', den Begriffsinhalt von Weisheit einzig aus intellektuellen Leistungen von Menschen bezieht, während das Wort Ökosophie eine Weisheit umfasst, die aus dem Ganzen der Biosphäre hervorgeht."[73]

Ökosophie, wie sie von Doris LaChapelle verstanden wird, wäre somit ein sophia-erfülltes Bewusstsein von Natur, Erde und Kosmos, eine spirituell erweiterte Ökologie. Diese wird heute von der Tiefenökologie vertreten. Die Tiefenökologie geht davon aus, dass zur Rettung der Erde ökologische Aktivitäten allein nicht ausreichen - angestrebt wird vielmehr eine „tiefere" innere Verbindung mit der Natur und mit der spirituellen Dimension der Erde als Gaia. Der Begriff der Tiefenökologie wurde bereits 1972 von dem norwegischen Philosophen Arne Naess auf dem 3. Weltkongress für Zukunftsforschung eingeführt. Er hat seitdem eine Verbreitung und Popularität sondergleichen erfahren. Auf der berühmten Umweltschutzkonferenz in Rio de Janeiro erklärte der damalige amerikanische Vizepräsident Al Gore, die *deep ecology* sei mittlerweile die „einflussreichste politische Bewegung in den USA".

Tiefenökologie bedeutet das „Gewahr-Sein" der Verbundenheit mit allem Leben - das tiefe, den Intellekt übersteigende Verstehen und Erleben der Verbundenheit mit allen anderen Lebensformen. Dieses Erleben besitzt durchaus eine spirituelle Dimension. Wie Fritjof Capra in seinem Buch *Lebensnetz* schreibt: „Wenn der Begriff Spiritualität einen Bewusstseinszustand meint, in dem der einzelne Mensch ein Gefühl der Zugehörigkeit, der Verbundenheit mit dem Kosmos als Ganzem empfindet, dann wird klar, dass ökologisches Bewusstsein seinem tiefsten Wesen nach spirituell ist. Daher überrascht es nicht, dass das jetzt neu entstehende Bild der Wirklichkeit, das auf dem tiefenökologischen Bewusstsein basiert, der *philosophia perennis* entspricht, der grundlegenden gemeinsamen Wahrheit aller spirituellen Traditionen..."[74]

Die Gaia-Hypothese

Edgar Mitchell, der sechste Mann, der den Mond betreten hat, beschrieb die Erfahrung, unsere Erde aus der Ferne zu sehen, als unmittelbares globales Bewusstsein. Die in den Weiten des Alls schwebende Erde war für ihn „ein wunderschöner, harmonisch und friedlich wirkender Himmelskörper, blau mit weißen Wolken, und er verlieh einem ein starkes Heimatgefühl ... ein Gefühl des Seins und Einsseins. Etwas, das ich unmittelbares Weltbewusstsein nennen möchte“[75]. Ähnlich äußerte sich sein Kollege Russell Schweickart: „Dir wird klar, auf jenem kleinen blauweißen Ding befindet sich all das, was dir etwas bedeutet: alles, was es gibt an Geschichte und Musik, Dichtung und Kunst, Tod, Geburt und Liebe, Tränen, Freuden, Spielen - alles auf der winzigen Kugel dort in der Ferne ... Du erkennst, dass du ein Stück von diesem Gesamtleben bist, dass du dazugehörst ... Und bist du wieder zurück, siehst du die Welt ganz anders. Ein solches Erlebnis ändert dein Verhältnis zur Erde und zu allen Formen des Lebens auf ihr.“[76]

Hier bricht zum ersten Mal ein planetarisches Erdbewusstsein durch, ein Gaia-Bewusstsein als Vision einer ökologischen Schicksalsgemeinschaft aller lebendigen Wesen, einer sowohl biologischen als auch spirituellen Einheit allen Lebens, in der nicht nur die Menschheit, sondern auch Landschaften, Wälder, Tier- und Pflanzengattungen, die Weltmeere und die Luftmassen der Atmosphäre einbezogen sind. Der Mensch begreift sich jetzt erstmals als voll bewusster Erdenbürger, der in ständiger Symbiose mit jenem großen kosmischen Makrolebewesen existiert, das wir „die Erde, unseren blauen Planeten im All“ nennen. Seine Sorge gilt nicht nur der Erhaltung des Weltfriedens, sondern als „Kind Gaias“ ist er auch Hüter und Bewahrer des in einer 4 Milliarden Jahre währenden erdgeschichtlichen Evolution entstandenen Lebens.

Der erste Philosoph aus neuerer Zeit, der die Erde als eigenständiges Seelen- und Lebewesen, nicht bloß als einen Klumpen toter Materie ansah, war Ludwig Klages (1872–1956). Es ist, als ob das planetarische Selbst der Erde, ihre überzeitliche Wesenheit, die von den Alten als Göttin Gaia verehrt wurde, aus diesem Denker gesprochen hätte; denn seine im Jahre 1913 auf dem Hohen Meißner gehaltene Rede *Mensch und Erde* liest sich wie ein einziger Aufschrei gegen die vom Menschen begangenen Freveltaten gegen die Natur. Das Entscheidende an dieser Rede ist, dass Klages alle Lebenseinheiten der Erde, vor allem die einzelnen Landschaften, als die miteinander zusammenhängenden Glieder einer höheren Ganzheit erkennt. An entscheidender Stelle dieser Rede führt er aus:

„Wir brauchen es nicht zu entscheiden, ob das Leben über die Welt der Einzelwesen hinausreiche oder nicht, ob die Erde, wie es der Glaube der Alten wollte, ein lebendes Wesen oder aber (nach der Ansicht der Neueren) ein unfühlender Klumpen 'toter Materie' sei; denn so viel steht fest, dass Gelände, Wolkenspiel, Gewässer, Pflanzenhülle und Geschäftigkeit der Tiere aus jeder Landschaft ein tieferregendes Ganzes wirken, welche das Einzellebendige wie in einer Arche umfängt, es einverwebend dem großen Geschehen des Alls. Unentbehrliche Akkorde im Tönesturm des Planeten sind die erhabene Öde der Wüste, die Feierlichkeit des Hochgebirges, die ziehende Wehmut weiter Heiden, das geheimnisvolle Weben des Hochwaldes, das Pulsen seeblitzender Küstenstriche.“[77] Nicht von isolierten Einzeldingen geht Ludwig Klages bei seinem Denken aus, sondern vom Ganzen; das Ganze der Erde ist ihm mehr als bloß die Summe aller Teile. Das Ganze führt ein eigenständiges Leben, und die Teile sind unselbständige Glieder daran. Damit war schon der Kerngedanke vorweggenommen, der später als Gaia-Hypothese neu ausformuliert werden sollte.

Seit Anfang der 1990er Jahre erfreut sich die Gaia-Hypothese zunehmender Beliebtheit; in ihr wird erstmals wissenschaftlich nachgewiesen, dass die Erde in der Tat ein lebendiger Organismus ist, dem eine planende Intelligenz zugrunde liegt: „Die Gaia-Hypothese besagt, dass unsere Erde ein intelligentes Lebewesen darstellt, das sich selbst steuert (Selbstregulation) und optimiert. Der entscheidende Unterschied der Gaia-Hypothese zu konventionellen ökologischen Weltsichten besteht darin, dass die Kybernetik und Steuerungsintelligenz von Gaia weitaus komplexer ist als die Ursache-Wirkungskette einfacher Umweltverschmutzungsphänomene. Die Forschungen von Lovelock und Margulis ergaben, dass das System Erde viel überlebensfähiger ist, als wir gemeinhin vermuten."[78]

Die Gaia-Hypothese, die mit ihrem Namen ganz bewusst an die alte griechische Erdgöttin erinnern will, wurde in den 1970er Jahren von dem Engländer Jim Lovelock entwickelt. Sie würde, wenn sie allgemeine Anerkennung finden sollte, zu einer echten Revolution der Naturwissenschaft führen, da sie ein völlig neues Bild von der Entstehung des Lebens auf der Erde entwirft. Nach der bisher gültigen Sicht konnte sich das Leben nur deswegen entwickeln, weil es sich in einem schrittweisen Prozess der Selektion und Mutation an die vorgefundenen Bedingungen immer wieder neu anpasste. Die Gaia-Hypothese hingegen sagt, dass die für die Lebensentstehung optimalen Bedingungen von der Erde selbst, dieser weisen Hüterin allen Lebens, in planender Voraussicht überhaupt erst geschaffen worden sind. Nicht das Leben hat sich an die Umweltbedingungen angepasst, sondern die Erde hat stets solche Umweltbedingungen geschaffen und aufrechterhalten, unter denen Leben gedeihen kann.

So ist etwa die Oberflächentemperatur der Erde - wie Lovelock nachweist - in den letzten dreieinhalb Milliarden Jahren stets gleich geblieben, immer zwischen 15 und 35 Grad, also innerhalb einer für das Leben günstigen Klimaspanne, obgleich die kosmischen Bedingungen in dieser äonenlangen Zeit durchaus wechselten. Die Sonneneinstrahlung war in der Frühphase der Erdgeschichte um rund 30 Prozent schwächer als heute. Um trotzdem das erforderliche Temperaturniveau zu halten, wusste die Erde sich durch erhöhte Ammoniak-Anteile in der Atmosphäre die Wärme zu absorbieren, so wie sie heute das Zuviel an Sonnenwärme in den Weltraum abzustrahlen in der Lage ist. Die Atmosphäre ist also ein ausgezeichnetes Regulationssystem, das die Erde bewusst und vorsätzlich anwendet, um sich auf die wechselnden kosmischen Klimata einzustellen und eine stabile Oberflächentemperatur zu schaffen - ein Milieu, in dem Leben in jeder nur denkbaren Form sich entfalten kann.

Indem er die Veränderungen der irdischen Atmosphäre innerhalb der letzten Jahrmillionen untersuchte, kam Jim Lovelock zu dem Ergebnis, dass die Erde in dieser Zeit regelrecht Überlebensstrategien entwickelt hat, um auf ihrer Oberfläche ein gleichbleibendes Lebensniveau zu erhalten, dass also hinter allem Erdgeschehen eine bewusst und vorsätzlich handelnde planetarische Intelligenz stecken muss, die freilich in ihrer ganzen Tragweite dem Menschen letzten Endes verborgen bleiben muss. Es ist die Intelligenz der Erde, die sich dem Forscher Lovelock darstellt als eine Reihe von höchst wirkungsvoll ablaufenden Regelkreisläufen zwischen Atmosphäre, Weltmeeren und Erdoberfläche einschließlich Tier- und Pflanzenwelt, die alle zusammen eine komplexe Ganzheit bilden. Diese wird von Lovelock als Gaia bezeichnet, in Anlehnung an die alte Erdgöttin der Griechen.

Gaia-Bewusstsein als Gewahrwerdung der Einheit des Lebens kann Teil einer globalen Ethik der Weltbewahrung sein. Jedoch gehört auch die Menschheit zur planetarischen Ganzheit; man kann heute von einem Gaia-Menschheits-Bewusstsein sprechen, das sich zum ersten Mal in der Geschichte des Lebens auf der Erde manifestiert. Dann wird der Mensch zu der Erkenntnis gelangen, „dass die Erde als Ganzes die gleiche beseelte Wesenheit ist wie er, nur in ein anderes Gewand eingeschlagen, verschieden allein in einer anderen Dimension, eine Wesenheit, die Systole und Diastole kennt, deren Oberfläche eine Hautdecke wie seine eigene ist, mit Empfangs- und Sendezentren ausgestattet, bereit für das Hindurchströmen elektromagnetischer Impulse (…).“[79]

Das Sophia-Selbst der Erde

Unter *Gaia Sophia* verstehen wir das planetarische Selbst der Erde - ausgeflossen aus der ewigen himmlischen Sophia. Sie ist es, die aus der Wesensmitte der Erde zu uns spricht, als Impulsgeberin eines neuen Weltzeitalters, die allein eine Wiederverzauberung der Welt, eine Wiedervereinigung und Versöhnung von Männlichem und Weiblichem, Intellekt und Intuition, Logik und Mythos, Wissenschaft und Mystik zustande bringen kann.

Gaia Sophia wirkt gegenwärtig im Ätherleib der Erde, und ihr Impuls zielt ab auf die Begründung echter Harmonie von Mensch, Erde und Kosmos. Denn Gaia Sophia trachtet danach, „Geist" und „Materie", diese lange für getrennt gehaltenen Seinsbereiche, wieder miteinander zu verbinden. Denn niemals wird die Geistigkeit Sophias sich von der Materie absondern, im Gegenteil, im Lichte Sophias ist Geist gleichbedeutend mit Leben. „Dieses Sophia-Weibliche", schreibt Erich Neumann, „verschwindet nicht in der nirwanahaften Abstraktheit eines männlichen Geistes, sondern sein Geist bleibt wie der Duft der Blume immer an diese als an die irdische Grundlage der Wirklichkeit gebunden."[80]

Die Himmlische Sophia als der weibliche Weisheitsimpuls Gottes ist nicht nur eingedrungen in das Menschheits-Bewusstsein, sondern sie ist eingedrungen in das Lebensmuster der Materie, in das Innere der Atome und Moleküle, in das Zellgewebe belebter Organismen - die Göttliche Weisheit ist also eingedrungen in das gesamte planetarische Erd-Bewusstsein. Die Geist-Natur der Erde offenbart sich uns heute als

Gaia Sophia, Erda Sophia oder *Terra Sophia;* denn Sophia ist das höhere Selbst Gaias. Indem sich Sophia im höheren Selbst der Erde inkarniert, verbindet sie die gesamte Erdennatur wieder mit jenen höheren Geistesebenen des Himmels, aus denen sie einst herabgestiegen ist. Hierin offenbart sich das Mysterium der Hochzeit von Himmel und Erde.

Die Gaia Sophia im Wesenszentrum der Erde ist eine Emanation der göttlichen Ur-Sophia; und sie existiert nicht getrennt von diesem Ursprung. Sophia als der weibliche Logos, der weibliche Aspekt Gottes, verbindet sich in der gegenwärtigen Weltstunde mit der Materie der von uns bewohnten Erde. In ganzheitlicher Sicht betrachten wir die Erde als ein geistorganisches Wesen, ausgestattet mit ähnlichen Wesensgliedern, wie sie der Mensch hat - mit einem Ätherleib, Astralleib, Mentalleib und einem personalen Bewusstseins-Funken, der das Ewig-Göttliche der Erde (ihr „Selbst") darstellt. Zu den höheren Wesensgliedern, die der Erde zukommen, gehört der Atman, die Geist-Monade und der göttliche Logos der Erde. Dieser göttliche Logos der Erde ist ein Sophia-Logos, und er arbeitet daran, alle darunter liegenden Ebenen der Erde mit göttlicher Weisheitskraft zu durchdringen.

Gaia Sophia bedeutet somit die Inkarnation Sophias in der Erde, die Durchdringung der materiellen Erdennatur bis ins Physische hinein mit Göttlicher Weisheit. Wir dürfen wohl davon ausgehen, dass diese Inkarnierung Sophias in die Erde ein langandauernder Prozess war, der um die Jahrhundertwende begann (Solowjef hat es geahnt!) und gegenwärtig seinen Abschluss noch nicht erreicht hat. Allenthalben hat sich seit dem 20. Jahrhundert eine geistige Weltwende gezeigt, die mit einer spirituellen Auffassung von Mensch, Erde und Kosmos einhergeht. Im Zusammenhang damit steht ein Ringen um eine planetarische Spiritualität, die als eine Art Vergeistigung der Ökologie auch zu einer konkret-praktischen Rettung der Erde beitragen könnte.

Ein Bewusstsein spiritueller Erd-Weisheit ist weltweit dadurch entstanden, dass Sophia bei ihrer Inkarnierung in die Erde hinein auch das kollektive Menschheits-Bewusstsein durchschreitet. Mit diesen Ereignissen hängt es zusammen, dass zu jener Zeit ein spirituelles Erwachen breitester Menschenkreise einsetzte; es schien so, als ob sich das Wunder der pfingstlichen Geistausgießung noch einmal wiederholt hätte: „Und es geschah plötzlich ein Brausen vom Himmel wie von einem gewaltigen Wind und erfüllte das ganze Haus, in dem sie saßen (....) und sie wurden alle erfüllt von dem heiligen Geist und fingen an zu predigen in fremden Sprachen, wie der Geist ihnen gab auszusprechen" (Apg. 2/2-4). Dies sind die Schwingungen Sophias, die erdbebengleich durch das Bewusstseinsfeld der Menschheit hindurchgehen; und der Heilige Geist als der Dritte Logos innerhalb der Trinität dient hier nur als Übertragungsmedium.

Sophia als die Weltenlehrerin des Neuen Äons wird bei ihrer Herabkunft nicht nur eine neue Spiritualität bringen, sondern auch alle bisherigen Wissenschaften mit ihrer Weisheitskraft durchdringen und so die Herausbildung eines wirklich ganzheitlichen Bewusstseins ermöglichen.

Glossar

Achäer: westindogermanischer Stamm, der um 1600 v. Chr. von Nordosten her kommend sich über die ganze hellenische Halbinsel ausbreitete; die andersgeartete Urbevölkerung wurde von mächtigen Zwingburgen aus beherrscht (mykenische Zeit).

Agni: indischer, altvedischer Feuergott. Wird besonders oft im Rigveda genannt.

Akka: wörtlich: die Großmutter, auch *akka manteren*, Erdenalte oder Erdenherrin, Name der Erdgöttin in der Finnischen Mythologie. Gemahlin des → Ukko.

Arkadien: griechische Kulturlandschaft. Angeblich Heimat des Hirtengottes Pan.

Arier: (altind. Arya, der „Edle"), Bezeichnung für die ostindogermanischen Stämme, die um das Jahr 2000 v. Chr. über das Industal nach Vorderindien einwanderten. Dort schufen sie die auf den heiligen Texten der Veden und Upanishaden gegründete altvedische Religion, den Brahmanismus. Die Bezeichnung „Arier" wird zuweilen - fälschlicherweise - auf alle Indogermanenvölker überhaupt angewendet, und unter der Herrschaft des Nationalsozialismus erhielt das Wort einen völlig verfälschten Sinn, indem es mit rassenideologischen Inhalten vermischt wurde. Tatsächlich bezeichnet das Wort „arisch" eher eine Sprach- und Kulturgemeinschaft als eine irgendwie ethnisch zu bestimmende Gruppe. Wir verwenden das Wort „arisch" in dieser Schrift ausschließlich im historisch-kulturellen Sinne.

Äther: feinstoffliche Lebenssubstanz, fünftes Element und Weltstoff. Ursprünglich dachte man sich den Äther als den Stoff der himmlischen Sphären, der den Mond, die Planeten und die Fixsterne trägt; nach alter mythischer Vorstellung ist der Äther der Wohnort der Götter. Der Äther ist zugleich auch die Kraft, die alle stofflichen Gebilde belebt.

Atlantis: Nach dem Bericht des griechischen Philosoph-en Platon (427–347 v. Chr.) ein untergegangenes Inselreich „jenseits der Säulen des Herakles" gelegen, also mitten im Atlantischen Ozean: die sagenhafte, mythisch verklärte Urheimat der Menschheit. Der Untergang von Atlantis erfolgte nach den Angaben Platons vor etwa 11.000 Jahren, aber die atlantische Kulturepoche blieb noch in der Erinnerung der Menschheit als das „Goldene Zeitalter".

Attis: Gemahl der → Kybele.

Bacchantinnen: ekstatische Frauen, Teilnehmerinnen an dem orgiastischen Kultus des Dionysos-Bakchos. Diese ekstatische Frauen-Mystik mag noch ein Restbestand eines ureuropäischen Schamanismus gewesen sein. → Dionysos → Orpheus.

Böotien: antike Kulturlandschaft in Griechenland, Heimat des Dichters → Hesiod.

Brigitte: altbritisch-heidnische Göttin (Brigantia), ursprünglich von den Briganten verehrt, identisch aber auch mit der irischen Göttin Brigit, neuirisch *Brighid*: Tochter des Himmelsgottes Dagda, später mit der christlichen Heiligen gleichen Namens zu einer gemeinsamen Tradition verschmolzen. Als Fruchtbarkeits- und Vegetationsgöttin kann Brigitte als die keltische Isis und somit als Ausdrucksform der zu allen Zeiten von allen Völkern verehrten Mutter Erde gelten. Die Briganten lebten im Altertum im mittleren Britannien; ihre Heimat war Eburacum, heute York.

Chios: Insel in der Ägäis; angeblich Heimat des altgrieischen Dichters und Eingeweihten → Homer.

Chthonische Gottheiten: Mächte der Tiefe, Erdgottheiten, von *chthon* (griech.) = die Erde. Im Gegensatz zu Gaia, dem als personale Wesenheit gedachten Erdplaneten, ist *chthon* im Griechischen das Erdinnere, die Welt der Unterirdischen. Zu den chthonischen Wesen zählte man das von Gaia geborene Titanengschlecht, aber auch die Toten- sowie Vegetations-/Fruchtbarkeitsgötter wie etwa Pluto und Persephone. Der

Gegenpart zu den chthonischen Mächten der Erdentiefe sind die lichten ätherischen Kräfte des Himmels. → Äther.

Demeter: Der Name wird oft als De-meter, Mutter De, gedeutet (wobei fraglich bleibt, ob „De" gleichbedeutend mit „Ge" = die Erde ist). Nach der Deutung De/Ge-meter würde der Name so viel wie „Erdmutter" bedeuten. Trotzdem ist Demeter als Wesensgestalt nicht identisch mit Gaia, der planetarischen Intelligenz der Erde. Sie ist eher zu sehen als eine chthonische Göttin, auch als Schutzherrin des Ackerbaus, deren Kult zu Eleusis bis in die klassische Zeit hinein der am meisten verbreitete in ganz Griechenland war.

Dionysos: ursprünglich thrakischer Vegetationsgott. Erlangte umfassende Bedeutung in der Orphik, wo er den gemordeten und wiederauferstandenen Gottessohn verkörperte.

Dromena: heilige Mysterienspiele, die an den Mysterienstätten aufgeführt wurden.

Eleusis: Schon seit der Jungsteinzeit besteht an diesem Ort eine Siedlung. Aus uralter Zeit stammt der dort geübte Erdkult um die Göttinnen → Demeter / Persephone, der gesamt-hellenische Bedeutung erlangte. Um 700 v. Chr. wurde Eleusis der Polis Athen eingegliedert und mit ihr durch eine heilige Prozessionsstraße verbunden.

Erda: nicht überlieferter, sondern von Jakob Grimm erschlossener und von Richard Wagner übernommener Name der altnordischen Jord als germanischer Erdgottheit.

Fjörgyn: authentischer Name für die altgermanische Erdgöttin (auch Jord sowie → Nerthus/Hertha).

Gaia: Name der Mutter Erde in der griechischen, homerisch-hesiodischen Mythologie und Theogonie. Gemahlin des Himmelsgottes → Uranos und Mutter des Titanengeschlechtes, aus dem die olympischen Götter hervorgingen. Nach der Theogonie Hesiods sieht der Weltenstammbaum so aus:

Chaos → Nacht → Erebos
Nacht + Erebos → Tag und Äther
Gaia → Uranos → Pontos
Gaia + Uranos → Okeanos, Koios, Kreios, Japetos, Hyperion, Theia, Rheia, Themis, Mnenosyne, Phiobe, Tethys, Kronos (= die 12 Titanen)
→ Brontes, Steropes, Arges (= Kyklopen)
→ Kottos, Briareos, Gyges (= Hekatoncheiren)
Kronos + Rheia → Hestia, Demeter, Hera, Hades, Poseidon, Zeus.

Große Mutter: zentrale Figur im Kult der steinzeitlich-matriarchalischen Frühreligion. In den Höhlen der altsteinzeitlichen Großwildjäger hat man meist recht füllige Mutter-Statuetten gefunden, die als Terra oder Magna Mater gedeutet werden. In den frühen Kulturen des Mittelmeerraumes, Sardinien etwa oder Kreta, spielte die Magna Mater eine entscheidende Rolle. Zusammen mit der Landwirtschaft und der damit verbundenen Sesshaftwerdung verbreitete sich die Magna-Mater-Religion seit dem 5./4. Jahrtausend v. Chr. über ganz Europa.

Hal Tarxien: letztes, großartigstes Zeugnis der alteuropäischen Megalithkultur, eine ausgedehnte Steintempelanlage bei La Valetta auf der Insel Malta. Verehrt wurde dort die urmittelmeerische Magna Mater in Verbindung mit einem Sonnenkult.

Hesiod: griechischer Dichter, um 700 v. Chr., Sohn armer Bauern. Werke: *Theogonie* 1022 Verse; *Werke und Tage*, 828 Verse. Die Bedeutung des Hesiod besteht darin, dass er mit seinen Dichtungen den Griechen ihre Götterwelt gab, wobei er auch an vorindogermanisch-pelasgische Mythen anknüpft.

Homer: griechischer Sänger und Dichter, lebte wahrscheinlich um 800 v. Chr., blieb aber geistig eng mit der mykenischen Zeit verbunden; ein Eingeweihter in die Eleusinischen Mysterien. Außer dem klassischen Heldenepos *Ilias und Odyssee* werden ihm die sog. *Homerischen Götterhymnen* zugeschrieben, in denen ein längerer Hymnus an die Göttin Demeter sowie eine Hymne „An die Allmutter Erde“ zu finden ist.

Indra: altindisch-arische Gottheit, Drachentöter und Herr des Soma-Trankes; Fürstreiter für das Licht und Beschützer der Erde. Wurde später zum indischen Nationalgott erhoben.

Jord: ein Name für die germanische Erdmutter. → Förgyn → Nerthus/Hertha.

Kybele: kleinasiatische Muttergottheit, die oft mit Rhea und Demeter verglichen wurde; das Zentrum ihrer Verehrung war → Phrygien. Sie ist offenbar eine Erscheinungsform der mediterranen Magna Mater. Ihre Priester, die sich angeblich in religiösem Enthusiasmus selbst entmannten, hießen Korybanten. In der römischen Kaiserzeit waren die Kybele-Mysterien weitverbreitet.

Lemurien: ein untergegangenes Inselreich im südlichen Pazifik, wohl zwischen Australien und Südamerika gelegen, im Gebiet der heutigen Osterinseln. Nach James Churchward der legendäre „Garten Eden“.

Lesbos: Insel in der Ägäis. Hier wurde der Sage zufolge das Haupt des → Orpheus angeschwemmt.

Ma: Muttergöttin aus Kappadokien (Kleinasien, heute Türkei), im orgiastischen Kult verehrt.

Mänaden: „die Rasenden“, gleichbedeutend mit → Bacchantinnen.

Nerthus: nach Tacitus die nordgermanische Göttin der Erde. Die Herkunft des Namens ist unklar. Er könnte etymologisch mit Irtha/Hertha verwandt sein; möglicherweise besteht ein Zusammenhang mit dem nordeuropäischen Fruchtbarkeitsgott Njörd. Tacitus schildert ausführlich die Nerthus-Mysterien, die einschließlich der Frühjahrsfahrt über Land im Prozessionswagen deutliche Ähnlichkeiten mit dem kleinasiatischen Kybele-Kult aufweisen.

Orpheus: legendärer griechischer Sänger und Leierspieler, angeblich Gründer des Bundes der Orphiker, der eine Mysterienschule war. Das liturgische Buch der Anhänger dieses Bundes waren die *Orphischen Hymnen*. In Pergamon, einer Stadt im westlichen Kleinasien (heute Türkei), befand sich in der römischen Kaiserzeit der Hauptsitz des über das ganze Imperium Romanum verbreiteten Geheimbundes der Orphiker.

Pan: römisch Faun(us), griechischer Wald- und Hirtengott; in der naturmystisch-naturspirituellen Sicht der Orphik wurde er zur personifizierten Weltseele überhaupt.

Persephone: auch Kore genannt; wurde nach ihrer Entführung durch den Beherrscher des Totenreiches Hades (= Pluto) zur Unterweltsgöttin.

Phrygien: antike Kulturlandschaft, heute im türkischen Anatolien gelegen. Das Phrygische Reich wurde um 800 v. Chr. von indogermanischen Stämmen gegründet; König war der legendäre Midas. Die Phrygier verehrten die Mutter Erde in Gestalt der Göttin → Kybele.

Rhea: eine titanische Wesenheit, Tochter der → Gaia und Gattin des Kronos.

Samothrake: neben Eleusis der zweite wichtige Mysterien-Kultplatz in Griechenland. Samothrake ist eine wild zerklüftete Insel im Norden des ägäischen Meeres. Dort wurde den Dioskuren, einem göttlichen Zwillingspaar, gehuldigt.

Selene: auch *Mene* oder *Phoibe*, römisch *Luna*, in der griechischen Mythologie die Mondgöttin. Schwester des Sonnengottes Helios.

Sophia: Weisheit (griech.), antike Weisheitsgöttin, deren Bild aus verschütteten jüdischen, griechischen und christlichen Traditionen (koptisches, gnostisches und ostkirchlich-orthodoxes Christentum) wiedergewonnen werden kann. Als *hagia sophia* weiblich gedachte Form des Heiligen Geistes. Ihr Symbol im Kosmischen ist der Mond.

Surja: altindischer vedischer Sonnengott.

Terra Mater: auch *Tellus Mater*, die altitalische Erdmutter. Lit.: Franz Altheim, Terra Mater. Untersuchungen zur altitalischen Religionsgeschichte, Gießen 1931.

Titanen → chthonische Gottheiten.

Thrakien: antike Kulturlandschaft im nordöstlichen Balkan. Gehörte nicht zum griechischen Siedlungsraum und hatte daher für die Griechen den Geruch des Fremdländischen. Aus Thrakien stammen der orgiastische Dionysos-Kult und die Grundgedanken der Orphik.

Ukko: in der Mythologie der Finnländer der Himmelsgott, Gemahl der Erdgöttin → Akka.

Uranos: altgriechischer Himmels-, Äther- und Weltengott, bildet zusammen mit Gaia das Urgötterpaar. Britta Verhagen schreibt (in *Götter, Kulte und Bräuche der Nordgermanen*, Tübingen 1983): „Uranos ist ein sehr früher Name des Himmelsgottes, identisch mit dem Varuna der Indoarier und dem Ahura der Iranier. Dieser 'Urahn' muss also in jener Zeit, als die Trennung zwischen Ost- und Westindogermanen stattfand, den Himmel beherrscht haben, denn beide Völkerkreise kennen seinen Namen als den des obersten Gottes." (ebd. S.39).

Vata: vedischer Windgott.

Anhang

Zitatnachweis

[1] Mellie Uyldert, Mutter Erde, München 1988, S. 9-10.
[2] Die Edda, übersetzt von Felix Genzmer, Köln 1981, S. 30.
[3] Jakob Grimm, Deutsche Mythologie, Wiesbaden 1992, S. 207.
[4] Marie-Louise von Franz, Das Individuationsprinzip. In: Der Mensch und seine Symbole, 9. Aufl. Olten 1986, S. 196.
[5] Ebenda, S. 196.
[6] Thassilo von Scheffer, Hellenistische Mysterien und Orakel, Stuttgart 1940, S. 133-34.
[7] Erich Neumann, Die Große Mutter, Olten 1974, S. 99
[8] Herbert Kühn, Abstrakte Kunst der Vorzeit, München / Hannover 1956, S. 13.
[9] Zt. nach: Albert Dietrich, Mutter Erde. Ein Versuch über die Volksreligion, Leipzig / Berlin 1905, S, 13.
[10] H. v. Glasenapp, Indische Geisteswelt, Hanau 1986, S. 271.
[11] H. Oldenberg, Die Religion des Veda, Stuttgart / Berlin 1917, S. 240.
[12] H. J. Störig, Kleine Weltgeschichte der Philosophie, Stuttgart 1950, S. 30.
[13] Die Homerischen Götterhymen, Basel 1984, S. 140-41.
[14] Hesiod, Sämtliche Werke, Wien 1935, S. 38.
[15] Ebenda, S. 39.
[16] Ebenda.
[17] Orpheus. Altgriechische Mysterien, Köln 1982, S. 58.
[18] Ebenda, S. 44.
[19] Ebenda, S. 74.
[20] Ebenda, S. 78.
[21] Ebenda, S. 37.
[22] Eranos-Jahrbuch X/1944,S. 182.
[23] Tacitus, Germania, Wiesbaden o. J., S. 43.
[24] Walter Golther, Handbuch der germanischen Mythologie, (1908), Neudr. Stuttgart o. J., S. 454.
[25] Tacitus, Germania, S. 105.

[26] Ebenda, S. 105-106.
[27] Zt. Nach: J. W. Hauer, Urkunden und Gestalten der Germanisch-Deutschen Glaubensgeschichte, Bd.1, Stuttgart 1940, S. 34.
[28] Jakob Grimm, Deutsche Mythologie, Wiesbaden 1992, S. 241.
[29] Ebenda, S. 240.
[30] Ebenda, S. 241.
[31] H. von Glasenapp, Indische Geisteswelt, Hanau 1986, S. 17.
[32] John Sharkey, Die keltische Welt, Frankfurt 1982, S. 7.
[33] Kalevala, Stuttgart 1985, S. 392.
[34] Kalevala, Erster Gesang, S. 61.
[35] Yrjö von Grönhagen, Finnische Gespräche, Berlin 1941, S. 61.
[36] Kalevala, Erster Gesang, S. 6.
[37] Ebenda, S. 7-8.
[38] Robert von Ranke-Graves, Griechische Mythologie, Band 1, Hamburg 1960, S. 25.
[39] Brunetto Latini, Tesoretto, übersetzt und eingeleitet von Dora Baker, Stuttgart 1979, S. 91-97.
[40] Frederik Hetmann, Die Göttin der Morgenröte, Frankfurt 1986, S. 52-53. Originalfundstelle: Brit. Mus. MS. Harley, 1585, S. 12v - 13r.
[41] I Ging. Das Buch der Wandlungen, Köln / Düsseldorf 1956, S. 278.
[42] Ebenda.
[43] Zt. Nach E. V. Zenker, Der Taoismus der Frühzeit, Wien / Leipzig 1943, S. 22.
[44] Li Gi. Das Buch der Sitte. Übersetzt von Richard Wilhelm, S. 38.
[45] Liä Dsi. Das wahre Buch vom quellenden Urgrund. Übersetzt von Richard Wilhelm, Köln / Düsseldorf 1974, S. 34.
[46] R. Wilhelm, Das Buch der Sitte, S. 374.
[47] zt. nach Jens Möller, Geomantie in Mitteleuropa, Freiburg 1988, S. 40.
[48] zt. nach John Mitchell, Die vergessene Kraft der Erde, S.28.

[49] Leonardo da Vinci - der Denker, Forscher und Prophet. Nach den veröffentlichten Handschriften, Leipzig 1904. S. 56.
[50] Ebenda. S. 57.
[51] Ebenda, S. 60.
[52] Ebenda, S. 54.
[53] Johannes Kepler, Kosmische Harmonie, Leipzig 1925, S.176.
[54] Ebenda, S. 176-77.
[55] Ebenda, S. 177-78.
[56] Ebenda, S. 182.
[57] Johann Peter Eckermann, Gespräche mit Goethe, Frankfurt 1981, S. 295 (Gespräch vom 13. 2. 1829).
[58] Goethes Gedichte in zeitlicher Folge, Frankfurt 1982, S. 911.
[59] Johann Wolfgang Goethe, Werke Bd. 6 (Faust I/II), Frankfurt 1982, S. 230).
[60] Eckermann, Gespräche mit Goethe, S. 360.
[61] Goethe, Werke, S. 233.
[62] Eckermann, Gespräche, S. 360.
[63] Jakob Lorber, Erde und Mond, Bietigheim 1983, S. 53.
[64] Ebenda, S. 32.
[65] Ebenda, S. 49/50.
[66] Ebenda, S. 17/18.
[67] Thorwald Dethlefsen, Schicksal als Chance, 10. Aufl. 1985, S. 40/41.
[68] William Q. Judge, Das Meer der Theosophie, 4. Aufl. Hannover 1987, S. 31/32.
[69] Annie Besant, Die uralte Weisheit, Graz 1957, S. 236.
[70] Max Heindel, die Weltanschauung der Rosenkreuzer, Darmstadt 1973, S. 65.
[71] Zt. nach: Manon Maren-Griesebach, Philosophie der Grünen, München / Wien 1982, S. 30.
[72] Herbert Gruhl, Das irdische Gleichgewicht, Düsseldorf 1982, S. 45/46.
[73] Doris LaChapelle, Die Weisheit der Erde, Saarbrücken 1991, S. 10.
[74] F. Capra, Lebensnetz, Bern / München / Wien 1996, S. 19.
[75] Zt. nach: Peter Russell, Die erwachende Erde, München 1985, S. 18.

[76] Ebenda.
[77] Nach Herbert Gruhl, Glücklich werden die sein, Düsseldorf 1984, S. 192.
[78] Elmar Gruber / Susan Fassberg, Wörterbuch des New Age von A bis Z, München 1986, S. 43.
[79] Walter Stanietz, Zum Paradies des Menschen, Baden-Baden 1982, S. 53.
[80] Erich Neumann, Die Große Mutter, Olten 1974, S. 305.

Literaturverzeichnis

Altheim, Franz: *Terra Mater*. Untersuchungen zur altitalischen Religionsgeschichte, Gießen 1931.
Bachofen, J. J. : *Das Mutterrecht*, Frankfurt 1975.
Bartsch, Günter: *Weisheit, die die Erde heilt*. Eine ökosophische Zeit bricht an, Freiburg 1990.
Berry, Thomas: *The Dream of the Earth*, San Francisco 1989.
Birnbacher, D. (Hg) *Ökophilosophie*, Stuttgart 1977
Bischof, Marco: Das Magische ist messbar. In: *Esotera* 4/1987, S. 18 - 25.
Devereux, Paul: *Earth Lights Revelation*, London 1989: Places of Power, London 1990.
Dieterich, Albrecht: *Mutter Erde*. Ein Versuch über Volksreligionen, Leipzig/Berlin 1905.
Ehmer, Manfred: *Göttin Erde*. Kult und Mythos der Mutter Erde. Ein Beitrag zur Ökosophie der Zukunft, Berlin 1993.
Ehmer, Manfred*: Hymnus an die Mutter Erde*. Aus dem altindischen Atharvaveda, Hamburg 2018 (*edition theophanie*).
Fehrle, J. J.: *Erde*. In: Handwörterbuch des deutschen Aberglaubens, hrsgg. von Hanns Bächtold-Stäubli, Bd. 2, Berlin 1987, Sp. 895-908.
Getty, Adele: *Göttin*. Mutter des Lebens, München 1993.
Goritschewa, Tatjana: *Heilige Mutter Erde*, München 1993.
Gottwald, Franz-Theo / Klepsch, Andrea (Hg), *Tiefenökologie*. Wie wir in Zukunft leben wollen, München 1995.
Johnson, Buffie: *Die Große Mutter in ihren Tieren*. Göttinnen alter Kulturen, Olten 1990.

Kirchhoff, Jochen: *Was die Erde will.* Mensch, Kosmos, Tiefenökologie, Bergisch Gladbach 1998.
Klages, Ludwig: *Mensch und Erde*, Neudr. Bonn 1980.
Lechner-Knecht, Sigrid: *Die Hüter der Elemente.* Das geheimnisvolle Reich der Naturgeister, Berlin 1989.
Lovelock, Jim: *Unsere Erde wird überleben.* Gaia - eine optimistische Ökologie, München 1982.
Lorber, Jakob: *Erde und Mond*, Bietigheim 1969.
Matthews, Caitlin: *Sophia – Göttin der Weisheit*, Olten 1993.
Merz, Blanche: *Orte der Kraft*, Chardonne 1984.
Mitchell, John: *Die vergessene Kraft der Erde.* Ihre Zentren, Strömungen und Wirkungsweisen, Frauenberg 1975.
Möller, Jens: *Geomantie in Mitteleuropa.* Kraftlinien und Energiezentren in Süddeutschland, Freiburg 1988.
Myers, Norman: *Gaia – Der Öko-Atlas unserer Erde*, Frankfurt / M. 1985.
Neumann, Erich: *Die Große Mutter.* Eine Phänomenologie der weiblichen Gestaltungen des Unbewussten, Olten 1974.
Pennick, Nigel: *Die alte Wissenschaft der Geomantie.* Der Mensch im Einklang mit der Erde, München 1982.
Perara, S. D.: *Der Weg zur Göttin der Tiefe*, Interlaken 1985.
Roberts, Elizabeth / Admidon, Elias (Ed.): *Earth Prayers*, San Francisco 1991.
Roszak, Th.: *Ökopsychologie.* Der entwurzelte Mensch und der Ruf der Erde, Stuttgart 1994
Russell, Peter: *Die erwachende Erde.* Unser nächster Evolutionssprung, München 1982.
Seiler, Susanne (Hg.): *Gaia. Das Erwachen der Göttin.* Die Verwandlung unserer Beziehung zur Erde, Braunschweig 1991.
Sjö, M. / Mor, B.: *The Great Cosmic Mother*: Rediscovering the Religion of the Earth, San Francisco 1987.
Skolimowski, Henryk: *Öko-Philosophie*, Entwurf für neue Lebensstrategien, Karlsruhe 1988.
Stone, M.: *Als Gott eine Frau war.* Die Geschichte der Ur-Religionen unserer Kulturen, München 1989.
Toynbee, A.: *Menschheit und Mutter Erde*, Düsseldorf 1979.

Uyldert, Mellie: *Mutter Erde*. Orte der Kraft und ihre Wirkung auf Menschen, Tiere, Wasser, Wege. München 1988.
Whitman, Walt: *Grashalme*. Mit einem Essay von Gustav Landauer, Zürich 1985.
Whitmont, E. C: *Die Rückkehr der Göttin*. Von der Kraft des Weiblichen in Individuum und Gesellschaft, München 1989.

Bildnachweis

S. 6: Gaea (1875) von Anselm Feuerbach.
S. 15: Das Orakel zu Delphi. Wikipedia Commons.
S: 19: Venus von Willendorf. Wikimedia Commons.
S. 32: Hecate fights against Klytios (left); Artemis against Otos (right), Wikipedia Commons.
S. 39: Orpheus von Tieren umgeben. Römisches Mosaik des 3. Jahrhunderts (Palermo, Archäologisches Regionalmuseum. Quelle: Wikipedia.
S. 45: Allegorisches Relief an der Ara Pacis: Tellus zwischen den Verkörperungen der Luft und des Wassers. Wikipedia Commons.
S. 49: Rhea or Cybele. Greek Mythology systematized (1880). Wikipedia Commons.
S. 53: Njörd und Skadi auf dem Weg zu Noatun (1882) von Friedrich Wilhelm Heine, Wikipedia Commons.
S. 64: Gerald S. Hawkins, Merlin, Märchen und Computer, Berlin 1983, S. 250.
S. 67: Akseli Gallen-Kallela, Die Verteidigung des Sampo. Wikipedia Commons.
S. 77: M. Ehmer, Göttin Erde, S. 15.
S. 90: Leonardo da Vinci, wahrscheinliches Selbstbildnis, um 1513, Wikipedia Commons.
S. 96: Johannes Kepler. Wikipedia Commons.
S. 99: J. W. Goethe. Quelle: Wikipedia Commons.
S. 109: Graphik des Autors. © Manfred Ehmer.
S. 112: Max Heindel, Die Weltanschauung der Rosenkreuzer, Darmstadt 1973, S. 509.

Über den Autor

Dr. Manfred Ehmer hat sich als wissenschaftlicher Sachbuchautor darum bemüht, die großen kulturgeschichtlichen Zusammenhänge aufzuzeigen und die archaischen Weisheitslehren für unsere Zeit neu zu entdecken. Mit Werken wie DIE WEISHEIT DES WESTENS, GAIA und HEILIGE BÄUME hat sich der Autor als gründlicher Kenner der westlichen Mysterientradition erwiesen, mit DAS CORPUS HERMETICUM einen Grundtext der spirituellen Philosophie vorgelegt. Daneben stehen lyrische Nachdichtungen etwa des berühmten HYPERION von John Keats oder des vedischen HYMNUS AN DIE MUTTER ERDE. Über weitere Veröffentlichungen des Autors erfahren Sie auf seiner Internetseite:

www.manfred-ehmer.net